OSNOVNA KUHARSKA KNJIGA CANDIQUIK

Raziščite možnosti premazovanja sladkarij s 100 slaščicami, ki se jim ni mogoče upreti

Jure Zajc

Avtorski material ©2024

Vse pravice pridržane

Nobenega dela te knjige ni dovoljeno uporabljati ali prenašati v kakršni koli obliki ali na kakršen koli način brez ustreznega pisnega soglasja založnika in lastnika avtorskih pravic, razen kratkih citatov, uporabljenih v recenziji. Ta knjiga se ne sme obravnavati kot nadomestilo za zdravniški, pravni ali drug strokovni nasvet.

KAZALO

KAZALO 3
UVOD 6
BROWNIJI IN PLOŠČICE 7
   1. CANDIQUIK TURTLE BROWNIES 8
   2. ČOKOLADNE KOKOSOVE IN MANDLJEVE GRANOLE 10
   3. CANDIQUIK PLOŠČICE Z ARAŠIDOVIM MASLOM IN ŽELEJEM 12
   4. CANDIQUIK PLOŠČICE CRANBERRY ORANGE BLISS 15
   5. CANDIQUIK PIŠKOTI S PESO 18
   6. CANDIQUIK MODELČEK ZA PIŠKOTE FUDGE 21
   7. CANDIQUIK ROCKY ROAD BARS 23
   8. CANDIQUIK MINT ČOKOLADNI PIŠKOTI 25
PIŠKOTI IN MAKARONI 27
   9. CANDIQUIK PIŠKOTI SNEŽAKI 28
   10. CANDIQUIK KAVNI PIŠKOTI IZ KRHKEGA PECIVA 30
   11. NOGOMETNI PIŠKOTKI CANDIQUIK 33
   12. ČOKOLADNO ČEŠNJEVI PIŠKOTI CANDIQUIK 36
   13. CANDIQUIK YARD LINE 38
   14. NOVOLETNE PIŠKOTKE URE 41
   15. PIŠKOTI S KAKAVOVO METINO KREMO 43
   16. CANDIQUIK EARTH DAY 45
   17. PIŠKOTI PRESENEČENJA ZA VALENTINOVO 48
   18. CANDIQUIK HARVEST CORN COOKIES 50
   19. PIŠKOTI S SRČKI IZ ARAŠIDOVEGA MASLA 52
   20. JAGODNI PIŠKOTI S ČOKOLADO 54
   21. ŽABJI PIŠKOTI CANDIQUIK 57
   22. CANDIQUIK PIÑA COLADA MAKARONI 59
   23. CANDIQUIK OREO 62
TARTUFLI 64
   24. CANDIQUIK KAHLUA 65
   25. CANDIQUIK MEDENI TIMIJANOVI TARTUFI 67
   26. CANDIQUIK TARTUFI IZ ČRNEGA FIŽOLA 69
   27. CANDIQUIK BURBONSKI TARTUFI 71
   28. TARTUFI S ČOKOLADNO SLANINO 73
   29. MEHIŠKI ZAČIMBNI TARTUFI CINCO DE MAYO 76
   30. CANDIQUIK PECAN PITA S TARTUFI 79
   31. ČOKOLADNE ŽLICE S TARTUFI IZ ARAŠIDOVEGA MASLA ... 82
   32. CHOCOLATE STOUT CAKE TARTUFI 84
   33. ŠAMPANJEC TORTA TARTUFI 86
KOLAČNI GRIZLJAJI 89
   34. CANDIQUIK GRIŽLJAJI POMARANČNE KREMNE TORTE 90
   35. CANNOLI GRIŽLJAJI CANDIQUIK 93

36. CANDIQUIK ČEŠNJEVE TORTNE BOMBE 95
37. MARGARITA TORTNE KROGLICE 98
38. CANDIQUIK KROGLICE ZA TORTO EYEBALL 101
39. CANDIQUIK PUMPKIN SPICE CAKE BITES 103
40. CANDIQUIK ČOKOLADNI BANILLA VAFLJI 106
41. CANDIQUIK GRIŽLJAJI VINA IN ČOKOLADNE TORTE 108
42. GRIŽLJAJI MAVRIČNE TORTE POT O' GOLD 111
43. CANDIQUIK GRIŽLJAJI ŽELODOVE TORTE 113
44. CANDIQUIK GRIŽLJAJI BUČNE TORTE 115
45. GRIŽLJAJI SRČNE TORTE 118
46. GRIŽLJAJI ČIČERIKINEGA PIŠKOTNEGA TESTA 120
47. CANDIQUIK TORTNE KROGLICE ZA SNEŽAKE 122
48. CANDIQUIK CADBURY 124

POKRIVENO SADJE 127

49. CANDIQUIK BOROVNICE V VANILIJI 128
50. CANDIQUIK JAGODE OBLITE S ČOKOLADO 130
51. RDEČE, BELE IN MODRE JAGODE 132
52. POKRITI BANANINI GRIŽLJAJI 134
53. CANDIQUIK POKRITE JABOLČNE REZINE 136
54. JAGODE CINCO DE MAYO 138
55. JAGODNE BOŽIČKOVE KAPE 140

TORTE, KROFI IN PITE 142

56. CANDIQUIK LIMONINO BOROVNIČEV CHEESECAKE 143
57. CANDIQUIK BUČNI CHEESECAKE 146
58. CANDIQUIK SHARK FIN 148
59. CANDIQUIK LIMONINO MANDLJEVI KROFI 151
60. CANDIQUIK SLADOLEDNA PITA 154
61. TORTNI KROFI S ČOKOLADO IN POPEČENIM KOKOSOM 157

POPS 159

62. BANANINI KOSMIČI 160
63. CANDIQUIK TRUFFULA TREE CAKE POPS 162
64. CANDIQUIK PURANJI RIŽ KRISPIE POPS 165
65. CANDIQUIK S'MORE POPS 168
66. CANDIQUIK GROZDNI POPER 170
67. CANDIQUIK MAGIC RAINBOW KRISPIE POPS 172
68. CANDIQUIK LIZIKE S ČOKOLADNIMI PIŠKOTI 175
69. CANDIQUIK TURČIJA COOKIE POPS 177
70. CANDIQUIK PEPPERMINT COOKIE LIZIKE 179
71. CANDIQUIK MUMMY COOKIE POPS 181
72. SRČNE LIZIKE 183
73. STRAWBERRY SHORTCAKE CAKE POPS 185
74. CANDIQUIK KEY LIME CAKE POPS 188

PRESTICE 190

75. CandiQuik kaktusove preste 191
76. CandiQuik Ghost Prestels 193
77. CandiQuik Butterfly Prestels 195
78. CandiQuik pereci iz deteljice 197
79. CandiQuik novoletne palice za preste 199
80. CandiQuik Bunny Prestels 201
81. CandiQuik Caramel Pretzel Bites 203

LUBJE IN GROZDI 205
82. CandiQuik lubje poprove mete 206
83. CandiQuik Cowboy Bark 208
84. Mint Cookie Bark 210
85. Grozdi orehov brusnic in cimeta 212
86. Čokoladna mandljeva lupina 214
87. Skorja čokoladnih grozdov sadja in oreščkov 216
88. Slana karamela in želve s pekanom 218

MEŠANICE ZA PRIGRIZKE 220
89. Churro Chow 221
90. Mešanica za prigrizke CandiQuik Bunny Bait 223
91. Mešanica za prigrizke CandiQuik Heart Munch 225
92. CandiQuik Trail Mix grozdi 227
93. CandiQuik Orange Creamsicle Puppy Chow 229
94. Mešanica prigrizkov CandiQuik S'mores 231
95. CandiQuik mešanica za zabavo z belo čokolado 233

PRAZNIČNE IN PRAZNOVANE POSLASTICE 235
96. CandiQuik prevleke za kolačke za noč čarovnic 236
97. CandiQuik maturantske kape 238
98. CandiQuik Patriotski lončki za posip 240
99. Velikonočna gnezda kokosovih makronov 242
100. CandiQuik Christmas Tree Rice Krispie 244

ZAKLJUČEK 246

UVOD

Dobrodošli v "OSNOVNA KUHARSKA KNJIGA CANDIQUIK", vašem vodniku za raziskovanje neskončnih možnosti oblaganja bonbonov s 100 slaščicami, ki se jim ni mogoče upreti. Ne glede na to, ali ste izkušen slaščičar ali pek začetnik, je ta kuharska knjiga vaš potni list v svet sladkih užitkov in kulinarične ustvarjalnosti. Od klasičnih dobrot do inovativnih kreacij CandiQuik odpira vrata v kraljestvo okusnih možnosti.

V tej kuharski knjigi boste odkrili raznoliko paleto receptov, ki prikazujejo vsestranskost in čarobnost CandiQuika. Ti recepti, ki so jih razvili kulinarični strokovnjaki, so zasnovani tako, da navdihujejo in razveseljujejo, ne glede na to, ali hrepenite po nečem bogatem in razvajajočem ali lahkem in osvežilnem. Od dekadentnih čokoladnih tartufov do čudaških cake popsov, na voljo je slaščica za vsak okus in priložnost.

CandiQuik odlikuje enostavna uporaba in vsestranskost. CandiQuik, izdelan iz visokokakovostnih sestavin in na voljo v različnih okusih, zagotavlja popolno podlago za vaše kulinarične stvaritve. Ne glede na to, ali namakate, polivate ali oblikujete, se CandiQuik gladko topi in hitro strdi ter vsakič zagotavlja rezultate profesionalne kakovosti. S CandiQuikom boste lahko samozavestno sprostili svojega notranjega slaščičarja in uresničili svoje najlepše sanje.

V tej kuharski knjigi boste našli jasna in jedrnata navodila, koristne nasvete in osupljive fotografije, ki vas bodo vodile na vaši slaščičarski avanturi. Ne glede na to, ali pripravljate dobrote za posebno priložnost, jih podarjate ljubljenim ali preprosto razvajate sladkosnede, ti recepti vas bodo zagotovo navdušili. Torej, vzemite predpasnik, nabrusite lopatico in se potopite v slasten svet CandiQuik slaščic.

BROWNIJI IN PLOŠČICE

1. CandiQuik Turtle Brownies

SESTAVINE:
- 1 paket CandiQuik čokoladnega obliva
- 1 skodelica sesekljanih pekanov
- 1 skodelica karamelne omake
- 1 škatla mešanice za brownije (in potrebne sestavine)

NAVODILA:
a) Mešanico za brownije pripravite po navodilih na embalaži.
b) Sesekljane orehe pekane vmešajte v testo za brownije.
c) Polovico mase za brownije vlijemo v pomaščen pekač.
d) Polovico karamelne omake pokapajte po testu.
e) Na vrh dodajte preostalo maso za brownije, nato pa preostanek karamelne omake.
f) Pečemo po navodilih za mešanico za brownije.
g) Ko je pečen, stopimo čokoladni obliv CandiQuik in ga premažemo po ohlajenih brownijih.
h) Pustite, da se čokolada strdi, preden jo narežete na ploščice.

2. Čokoladne kokosove in mandljeve granole

SESTAVINE:
- 2 skodelici staromodnega valjanega ovsa
- 1 skodelica naribanega kokosa (sladkanega ali nesladkanega)
- 1 skodelica sesekljanih mandljev
- ½ skodelice medu ali javorjevega sirupa
- ½ skodelice kremnega mandljevega masla
- ¼ skodelice kokosovega olja
- 1 čajna žlička vanilijevega ekstrakta
- ½ čajne žličke soli
- 1 skodelica CandiQuik (preliv za sladkarije z okusom vanilije)

NAVODILA:
a) Pečico segrejte na 350 °F (175 °C). Pekač velikosti 9 x 13 palcev obložite s pergamentnim papirjem in pustite nekaj previsa za lažje odstranjevanje.
b) V veliki skledi za mešanje zmešajte ovsene kosmiče, nastrgan kokos in sesekljane mandlje.
c) V majhni ponvi na majhnem ognju zmešajte med ali javorjev sirup, mandljevo maslo, kokosovo olje, ekstrakt vanilije in sol. Nenehno mešajte, dokler ni zmes dobro združena in gladka.
d) Mokro mešanico prelijemo čez suhe sestavine v posodi za mešanje. Mešajte, dokler niso vse suhe sestavine enakomerno prekrite.
e) Zmes preložimo v pripravljen pekač in jo močno pritisnemo, da nastane enakomerna plast.
f) Pečemo v ogreti pečici 15-20 minut oziroma dokler robovi niso zlato rjavi.
g) Pustite, da se granola v ponvi popolnoma ohladi.
h) Ko se CandiQuik ohladi, stopite v skladu z navodili na embalaži.
i) S stopljenim CandiQuikom pokapljajte ohlajene granole.
j) Pustite, da se CandiQuik strdi, preden palice razrežete na kvadratke.
k) Po želji ploščice shranite v hladilniku za bolj čvrsto teksturo.
l) Postrezite in uživajte v tablicah Granola s čokolado in kokosom ter mandlji!

3. CandiQuik ploščice z arašidovim maslom in želejem

SESTAVINE:
- 1 skodelica nesoljenega masla, zmehčanega
- 1 skodelica granuliranega sladkorja
- 1 skodelica rjavega sladkorja, pakirano
- 2 veliki jajci
- 1 skodelica kremastega arašidovega masla
- 1 čajna žlička vanilijevega ekstrakta
- 3 skodelice večnamenske moke
- 1 čajna žlička pecilnega praška
- ½ čajne žličke soli
- 1 skodelica sadnih konzerv ali želeja po vaši izbiri (npr. jagodni, malinov, grozdni)
- 1 paket CandiQuik (bonbonski obliv z okusom vanilije)

NAVODILA:
a) Pečico segrejte na 350 °F (175 °C). Namastite pekač velikosti 9 x 13 palcev in ga obložite s pergamentnim papirjem, tako da pustite previs za lažje odstranjevanje.
b) V veliki skledi zmešajte zmehčano maslo, granulirani sladkor in rjavi sladkor, dokler ne postane svetlo in puhasto.
c) Dodajte jajca, enega za drugim, po vsakem dodajanju dobro stepite.
d) Zmešajte arašidovo maslo in vanilijev ekstrakt, dokler se dobro ne združita.
e) V ločeni skledi zmešajte moko, pecilni prašek in sol.
f) Postopoma dodajte suhe sestavine v mešanico arašidovega masla in mešajte, dokler se le ne povežejo.
g) Dve tretjini testa iz arašidovega masla vtisnite na dno pripravljenega pekača, da nastane enakomerna plast.
h) Sadne konzerve ali žele enakomerno porazdelite po plasti arašidovega masla.
i) Preostalo testo iz arašidovega masla razdrobite po vrhu sadnih konzerv.
j) Pečemo v predhodno ogreti pečici 30-35 minut oziroma dokler robovi niso zlato rjavi.
k) Pustite, da se ploščice popolnoma ohladijo v ponvi.

l) Ko so ploščice ohlajene, stopite CandiQuik v skladu z navodili na embalaži.
m) Ohlajene ploščice pokapljajte s stopljenim CandiQuikom.
n) Pustite, da se CandiQuik strdi, preden palice razrežete na kvadratke.
o) Postrezite in uživajte v okusnih ploščicah z arašidovim maslom in želejem!

4.CandiQuik ploščice Cranberry Orange Bliss

SESTAVINE:
ZA BARSE:
- 1 skodelica nesoljenega masla, zmehčanega
- 1 skodelica granuliranega sladkorja
- 2 veliki jajci
- 1 čajna žlička vanilijevega ekstrakta
- 2 skodelici večnamenske moke
- ½ čajne žličke pecilnega praška
- ¼ čajne žličke soli
- 1 skodelica posušenih brusnic
- Lupina ene pomaranče

ZA PRELIV:
- 1 paket (16 unč) CandiQuik Candy Coating
- Lupina ene pomaranče
- Posušene brusnice za okras (neobvezno)

NAVODILA:
a) Pečico segrejte na 350 °F (175 °C). Namastite pekač velikosti 9x13 palcev.
b) V veliki skledi penasto stepite zmehčano maslo in sladkor, dokler ne postane svetlo in puhasto. Eno za drugim dodajte jajca in po vsakem dodajanju dobro stepite. Vmešajte vanilijev ekstrakt.
c) V ločeni skledi zmešajte moko, pecilni prašek in sol.
d) Postopoma dodajajte suhe sestavine mokrim sestavinam in mešajte, dokler se le ne povežejo.
e) Zmešajte posušene brusnice in pomarančno lupinico, dokler se enakomerno ne porazdelijo po testu.
f) Maso enakomerno razporedite po pripravljenem pekaču.
g) Pecite v predhodno ogreti pečici 25-30 minut oziroma dokler robovi niso zlato rjavi in zobotrebec, ki ga zapičite v sredino, ne izstopi čist.
h) Pustite, da se ploščice popolnoma ohladijo v pekaču.
i) Ko so ploščice ohlajene, raztopite CandiQuik Candy Coating v skladu z navodili na embalaži.
j) Ohlajene ploščice prelijemo s stopljenim CandiQuikom in ga enakomerno porazdelimo z lopatko.

k) Po želji potresemo dodatno pomarančno lupinico in posušene brusnice za okras.
l) Pustite, da se premaz CandiQuik popolnoma strdi, preden palice razrežete na kvadratke.
m) Postrezite in uživajte v okusnih ploščicah CandiQuik Cranberry Orange Bliss!

5. CandiQuik piškoti s peso

SESTAVINE:
- 1 skodelica kuhane in pretlačene pese (približno 3 srednje velike pese)
- ½ skodelice nesoljenega masla, stopljenega
- 1 skodelica granuliranega sladkorja
- 2 veliki jajci
- 1 čajna žlička vanilijevega ekstrakta
- ½ skodelice večnamenske moke
- ⅓ skodelice kakava v prahu
- ¼ čajne žličke pecilnega praška
- ¼ čajne žličke soli
- 1 paket CandiQuik (bonbonski obliv z okusom vanilije)

NAVODILA:
a) Pečico segrejte na 350 °F (175 °C). Pekač namastimo in obložimo s peki papirjem.
b) Peso kuhamo toliko časa, da se zmehča. Olupite in pretlačite v blenderju ali kuhinjskem robotu. Odmerite 1 skodelico pesnega pireja.
c) V veliki posodi za mešanje zmešajte stopljeno maslo in sladkor. Mešajte, dokler se dobro ne poveže.
d) Eno za drugim dodajte jajca in po vsakem dodajanju dobro stepite. Vmešajte vanilijev ekstrakt.
e) V ločeni skledi zmešajte moko, kakav v prahu, pecilni prašek in sol.
f) Postopoma dodajajte suhe sestavine mokrim sestavinam in mešajte, dokler se le ne povežejo.
g) Dodajte pire pese, dokler ni enakomerno porazdeljen po testu za brownije.
h) Testo vlijemo v pripravljen pekač in ga enakomerno porazdelimo.
i) Pecite v predhodno ogreti pečici 25-30 minut oziroma dokler zobotrebec, ki ga zapičite v sredino, ne pride ven z vlažnimi drobtinami (ne mokrim testom).
j) Pustite, da se brownji popolnoma ohladijo v pekaču.

ZA OBLOGO CANDIQUIK:

k) Stopite CandiQuik v skladu z navodili na embalaži. To običajno vključuje segrevanje v mikrovalovni pečici v 30-sekundnih intervalih, dokler se popolnoma ne stopi.
l) Ko so browniji popolnoma ohlajeni, jih narežemo na kvadratke.
m) Zgornji del vsakega kvadrata brownieja pomočite v stopljeni CandiQuik, da zagotovite enakomeren premaz.
n) Premazane piškote položite na pekač, obložen s pergamentom, da se CandiQuik strdi.
o) Pred serviranjem pustite, da se premaz CandiQuik popolnoma strdi.

6. CandiQuik modelček za piškote Fudge

SESTAVINE:
- 1 paket CandiQuik (bonbonski obliv z okusom vanilije)
- 1 pločevinka (14 unč) sladkanega kondenziranega mleka
- 2 žlički vanilijevega ekstrakta
- Ščepec soli
- Različni modelčki za piškote s praznično tematiko
- Izbirni prelivi: posipi, zdrobljeni oreščki, barvni sladkorji

NAVODILA:
a) Kvadraten ali pravokoten pekač obložite s peki papirjem, tako da ob straneh pustite previs za lažje odstranjevanje.
b) V srednje veliki ponvi stopite CandiQuik na majhnem ognju in nenehno mešajte, da se ne zažge.
c) Ko se CandiQuik popolnoma stopi, dodajte sladkano kondenzirano mleko, ekstrakt vanilije in ščepec soli. Zmes mešajte, dokler ni gladka in dobro združena.
d) Odstavite ponev z ognja in pustite, da se mešanica nekoliko ohladi, vendar pazite, da ostane tekoča.
e) Zmes za fudge vlijemo v pripravljen pekač in jo enakomerno razporedimo.
f) Pustite, da se mešanica ohladi nekaj minut, nato pa z modelčki za piškote s prazničnim motivom izrežite praznične oblike. Modelček za piškote potisnite v maso in z lopatko dvignite oblike.
g) Če želite, dodajte prelive, kot so posipi, zdrobljeni oreščki ali barvni sladkorji, na modelčke, ko so še mehki.
h) Pustite, da se masa popolnoma ohladi in za nekaj ur postavite v hladilnik.
i) Ko je fudge popolnoma strjen, ga s prevleko iz pergamentnega papirja dvignite iz pekača.
j) Položite oblike za piškote na servirni krožnik in uživajte v čudovitem CandiQuik Cookie Cutter Fudge!

7. CandiQuik Rocky Road Bars

SESTAVINE:
- 1 paket CandiQuik vanilijevega premaza
- 2 skodelici mini marshmallowa
- 1 skodelica sesekljanih oreščkov (orehi ali mandlji)
- 1 skodelica zdrobljenih graham krekerjev
- 1 škatla mešanice za brownije (in potrebne sestavine glede na embalažo)

NAVODILA:
a) Mešanico za brownije pripravite po navodilih na embalaži.
b) V testo za brownije vmešajte mini marshmallowe, sesekljane oreščke in zdrobljene grahamove krekerje.
c) Maso vlijemo v pomaščen pekač.
d) Pečemo po navodilih za mešanico za brownije.
e) Ko je pečen, raztopimo CandiQuik vanilijevo oblogo in jo premažemo po ohlajenih ploščicah.
f) Pustite, da se vaniljev premaz strdi, preden ga razrežete na palice.

8. CandiQuik mint čokoladni piškoti

SESTAVINE:
- 1 paket CandiQuik čokoladnega obliva
- 1 čajna žlička izvlečka poprove mete
- Zelena jedilna barva (neobvezno)
- 1 škatla mešanice za brownije (in potrebne sestavine glede na embalažo)

NAVODILA:
a) Mešanico za brownije pripravite po navodilih na embalaži.
b) Vmešajte ekstrakt poprove mete in po želji dodajte zeleno barvilo za živila.
c) Maso vlijemo v pomaščen pekač.
d) Pečemo po navodilih za mešanico za brownije.
e) Ko je pečen, stopimo čokoladni obliv CandiQuik in ga premažemo po ohlajenih brownijih.
f) Pustite, da se čokolada strdi, preden jo narežete na ploščice.

PIŠKOTI IN MAKARONI

9. CandiQuik piškoti snežaki

SESTAVINE:
- Okrogli sladkorni piškoti
- 1 paket (16 unč) CandiQuik Candy Coating
- Miniaturni koščki čokolade ali sladkarije
- Oranžni bonboni se stopijo (ali pomarančna glazura) za korenčkove noske
- Okrasna glazura za šale in gumbe

NAVODILA:
a) Vrh vsakega sladkornega piškota pomočite v stopljeni CandiQuik, da ustvarite snežno prevleko.
b) Na stopljeni premaz za oči položite dva miniaturna koščka čokolade ali očesa iz sladkarij.
c) Uporabite majhen kos pomarančne sladkarije ali glazure, da ustvarite korenčkov nos.
d) Okrasite z glazuro, da naredite šale in gumbe.
e) Pustite, da se premaz strdi, preden ga postrežete.

10. CandiQuik kavni piškoti iz krhkega peciva

SESTAVINE:
ZA PIŠKOTKE:
- 1 skodelica nesoljenega masla, zmehčanega
- ½ skodelice granuliranega sladkorja
- 2 skodelici večnamenske moke
- 2 žlici instant kavnih zrnc ali prahu za espresso
- ¼ čajne žličke soli

ZA KAVNO GLAZURO CANDIQUIK:
- 1 paket CandiQuik (bonbonski obliv z okusom vanilije)
- 2 žlici instant kavnih zrnc ali prahu za espresso
- 1-2 žlici vrele vode
- Po želji: fino mleta kava ali kakav v prahu za okras

NAVODILA:
ZA KAVNE PIŠKOTE:
a) Pečico segrejte na 350 °F (175 °C). Pekače obložite s pergamentnim papirjem.
b) V veliki posodi za mešanje zmešajte zmehčano maslo in granulirani sladkor, dokler ne postane svetlo in puhasto.
c) V ločeni skledi zmešajte moko, zrnca instant kave ali espresso v prahu in sol.
d) Mešanici masla in sladkorja postopoma dodajte suhe sestavine in mešajte, dokler se testo ne združi.
e) Testo razvaljamo v poleno ali sploščimo v disk, zavijemo v plastično folijo in pustimo v hladilniku vsaj 30 minut, da se strdi.
f) Ko je testo ohlajeno, ga narežite na kroge ali z modelčki za piškote izrežite oblike.
g) Piškote položite na pripravljene pekače in pecite 10-12 minut oziroma dokler robovi niso rahlo zlati.
h) Pustite, da se piškoti popolnoma ohladijo na rešetki.

ZA KAVNO GLAZURO CANDIQUIK:
i) Stopite CandiQuik v skladu z navodili na embalaži. To običajno vključuje segrevanje v mikrovalovni pečici v 30-sekundnih intervalih, dokler se popolnoma ne stopi.

j) Zrnca instant kave ali prah za espresso raztopite v vroči vodi. To mešanico kave dodajte stopljenemu CandiQuiku in mešajte, dokler se dobro ne združi.
k) Ohlajene piškote pomočite v kavno glazuro CandiQuik in pustite, da morebitni odvečni piškoti odtečejo.
l) Glazirane piškote položite na pekač, obložen s pergamentom.
m) Neobvezno: dokler je glazura še mokra, po vrhu potresite fino mleto kavo ali kakav v prahu za okras.
n) Pustite, da se glazura popolnoma strdi, preden jo postrežete ali shranite.

11. Nogometni piškotki CandiQuik

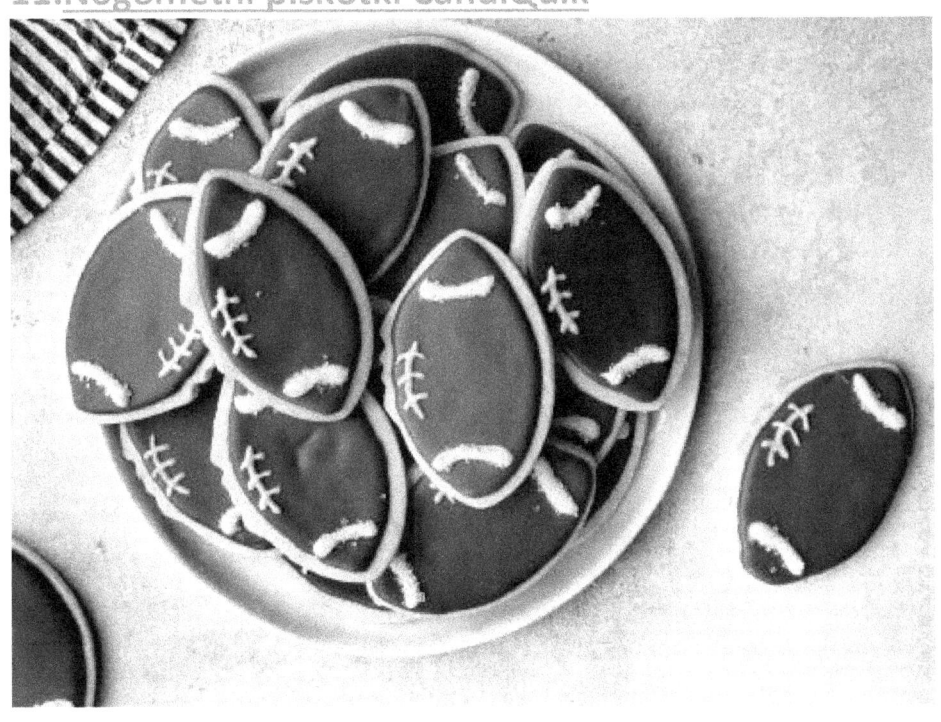

SESTAVINE:
ZA PIŠKOTKE:
- 2 ½ skodelice večnamenske moke
- 1 skodelica nesoljenega masla, zmehčanega
- 1 skodelica granuliranega sladkorja
- 1 veliko jajce
- 1 čajna žlička vanilijevega ekstrakta
- ½ čajne žličke mandljevega ekstrakta (neobvezno)
- ¼ čajne žličke soli

ZA NOGOMETNO DEKORACIJO CANDIQUIK:
- 1 paket CandiQuik (bonbonski obliv z okusom vanilije)
- Košci temne čokolade ali čokoladna glazura (za nogometne vezalke)

NAVODILA:
ZA PIŠKOTKE:
a) V srednji skledi zmešajte moko in sol. Dati na stran.
b) V veliki posodi za mešanje zmešajte zmehčano maslo in sladkor, dokler ne postane svetlo in puhasto.
c) Mešanici masla in sladkorja dodajte jajce, ekstrakt vanilije in ekstrakt mandljev (če uporabljate). Mešajte, dokler se dobro ne poveže.
d) Postopoma dodajte suhe sestavine mokrim sestavinam in mešajte, dokler ne nastane mehko testo.
e) Testo razdelite na dva dela, vsakega oblikujte v disk, zavijte v plastično folijo in postavite v hladilnik za vsaj 1 uro.
f) Pečico segrejte na 350 °F (175 °C) in pekače obložite s pergamentnim papirjem.
g) Ohlajeno testo razvaljamo na pomokani površini na približno ¼ palca debelo.
h) Z modelčkom za piškote v obliki nogometne žoge iz testa izrežite nogometne oblike.
i) Piškote v obliki nogometne žoge položite na pripravljene pekače in pecite 10-12 minut oziroma dokler robovi ne postanejo rahlo zlati.
j) Pustite, da se piškoti nekaj minut ohladijo na pekaču, preden jih prestavite na rešetko, da se popolnoma ohladijo.

ZA NOGOMETNO DEKORACIJO CANDIQUIK:

k) Stopite CandiQuik v skladu z navodili na embalaži. To običajno vključuje segrevanje v mikrovalovni pečici v 30-sekundnih intervalih, dokler se popolnoma ne stopi.
l) Vsak piškot v obliki nogometne žoge pomočite v stopljeni CandiQuik, da zagotovite enakomeren premaz.
m) Obložene piškote položite na pekač, obložen s pergamentom.
n) Preden se premaz CandiQuik strdi, uporabite koščke temne čokolade ali čokoladno glazuro, da ustvarite nogometne vezalke na površini vsakega piškota.
o) Pred serviranjem pustite, da se premaz CandiQuik popolnoma strdi.

12.Čokoladno češnjevi piškoti CandiQuik

SESTAVINE:
- Krhki piškoti
- 1 paket (16 unč) CandiQuik Candy Coating
- Suhe češnje ali češnjeve konzerve

NAVODILA:
a) Stopite CandiQuik Candy Coating v skladu z navodili na embalaži.
b) Vsak piškot iz krhkega testa pomočite v stopljeni CandiQuik, da ga premažete.
c) Na vrh položimo posušeno češnjo ali potresemo z manjšo količino češnjevega sladkarije.
d) Pustite, da se premaz strdi, preden ga postrežete.

13. CandiQuik Yard Line

SESTAVINE:
ZA PIŠKOTKE:
- Vaš najljubši recept za sladkorne piškote ali kupljeno testo za sladkorne piškote

ZA DEKORACIJO CANDIQUIKA:
- 1 paket CandiQuik (bonbonski obliv z okusom vanilije)
- Zelena jedilna barva
- Bela glazura ali beli bonbon se stopi (za dvoriščne črte)

NAVODILA:
ZA PIŠKOTKE:
a) Predgrejte pečico v skladu s svojim receptom za sladkorne piškote ali navodili za testo za piškote, kupljeno v trgovini.
b) Pripravite testo za sladkorne piškote po receptu ali navodilih na embalaži.
c) Testo za piškote na pomokani površini razvaljajte na približno ¼ palca debelo.
d) Z okroglim modelčkom za piškote iz testa izrežemo kroge. To bodo vaši piškoti "yard line".
e) Piškote položite na pekač, obložen s pergamentom, in pecite po receptu ali navodilih na embalaži. Pustite, da se piškoti popolnoma ohladijo.

ZA DEKORACIJO CANDIQUIKA:
f) CandiQuik razlomite na koščke in ga položite v toplotno odporno skledo. Stopite CandiQuik v skladu z navodili na embalaži. To običajno vključuje segrevanje v mikrovalovni pečici v 30-sekundnih intervalih, dokler se popolnoma ne stopi.
g) Stopljenemu CandiQuiku dodajte zeleno jedilno barvilo in mešajte, dokler ne dobite živahne zelene barve. To bo ozadje "nogometnega igrišča".
h) Vsak ohlajen piškot pomočite v zeleni CandiQuik, da zagotovite enakomeren premaz. Obložene piškote položite na pekač, obložen s pergamentom.
i) Medtem ko je obloga CandiQuik še mokra, uporabite belo glazuro ali stopljene bele topljene sladkarije, da na vsakem piškotu ustvarite črte. Za to lahko uporabite cevno vrečko ali majhno vrečko na zadrgo z odrezanim kotom.
j) Pred serviranjem počakajte, da se premaz in glazura CandiQuik popolnoma strdita.

14. Novoletne piškotke ure

SESTAVINE:
- CandiQuik (obliv iz bele čokolade)
- Čokoladni sendvič piškoti
- Jedilno zlato ali srebrno pršilo
- Užitni okraski za ure

NAVODILA:
a) Stopite belo čokolado CandiQuik po navodilih na embalaži.
b) Čokoladne sendvič piškote ločite in eno stran pomočite v stopljeni CandiQuik.
c) Na premazano stran piškota položite užitne okraske za uro.
d) Za praznični pridih robove popršite z jedilno zlatim ali srebrnim sprejem.
e) Pustite, da se CandiQuik strdi, preden ga postrežete.

15. Piškoti s kakavovo metino kremo

SESTAVINE:
- CandiQuik (obliv iz temne čokolade)
- Izvleček poprove mete
- Čokoladni sendvič piškoti

NAVODILA:
a) Stopite temno čokolado CandiQuik po navodilih na embalaži.
b) Stopljenemu CandiQuiku dodajte nekaj kapljic izvlečka poprove mete in dobro premešajte.
c) Vsak čokoladni sendvič piškot pomočite v CandiQuik z okusom poprove mete in zagotovite, da je popolnoma prevlečen.
d) Obložene piškote položite na pergamentni papir in pustite, da se strdijo.

16. CandiQuik Earth Day

SESTAVINE:
ZA PIŠKOTKE:
- Vaš najljubši recept za sladkorne piškote ali kupljeno testo za sladkorne piškote

ZA OKRASITEV:
- 1 paket CandiQuik (bonbonski obliv z okusom vanilije)
- Oranžna jedilna barva
- Jedilni črni flomaster ali črna glazura
- Jedilni zeleni marker ali zelena glazura
- Različni barvni sladkorji ali posipi (neobvezno)

NAVODILA:
ZA PIŠKOTKE:
a) Predgrejte pečico v skladu s svojim receptom za sladkorne piškote ali navodili za testo za piškote, kupljeno v trgovini.
b) Pripravite testo za sladkorne piškote po receptu ali navodilih na embalaži.
c) Testo za piškote razvaljajte na pomokani površini na približno ¼ palca debelo.
d) Z okroglim modelčkom za piškote iz testa izrežemo kroge.
e) Piškote položite na pekač, obložen s pergamentom, in pecite po receptu ali navodilih na embalaži. Pustite, da se piškoti popolnoma ohladijo.

ZA OKRASITEV:
f) CandiQuik razlomite na koščke in ga položite v toplotno odporno skledo. Stopite CandiQuik v skladu z navodili na embalaži. To običajno vključuje segrevanje v mikrovalovni pečici v 30-sekundnih intervalih, dokler se popolnoma ne stopi.
g) Stopljenemu CandiQuiku dodajte oranžno jedilno barvilo in mešajte, dokler ne dobite živahne oranžne barve.
h) Vsak ohlajen piškot pomočite v pomarančni CandiQuik, da zagotovite enakomeren premaz. Obložene piškote položite na pekač, obložen s pergamentom.
i) Pustite, da se premaz CandiQuik popolnoma strdi.
j) Ko je premaz strjen, uporabite užitni črni flomaster ali črno glazuro, da narišete Loraxove oči, brke in usta na vsak piškot.
k) Z užitnim zelenim flomastrom ali zeleno glazuro na vrh piškotov narišite Loraxov značilni šop las.
l) Po želji lahko dodate različne barvne sladkorje ali posip za dodatno dekoracijo.
m) Pred serviranjem počakajte, da se dodatni okraski strdijo.

17. Piškoti presenečenja za Valentinovo

SESTAVINE:
- Testo za sladkorne piškote
- Rdeča ali roza jedilna barva
- Sladkorni srčki ali drugi bonboni na temo Valentina

NAVODILA:
a) Pečico segrejte na temperaturo, navedeno na embalaži testa za piškote.
b) Testo za piškote razdelite na pol in en del obarvajte z rdečo ali rožnato jedilno barvo.
c) Vzemite majhno količino vsakega obarvanega testa in jih stisnite skupaj okoli koščka sladkarije.
d) Testo razvaljajte v kepo, pri čemer pazite, da je sladkarija popolnoma zaprta.
e) Piškote položite na pekač in pecite po navodilih na embalaži.

18. CandiQuik Harvest Corn Cookies

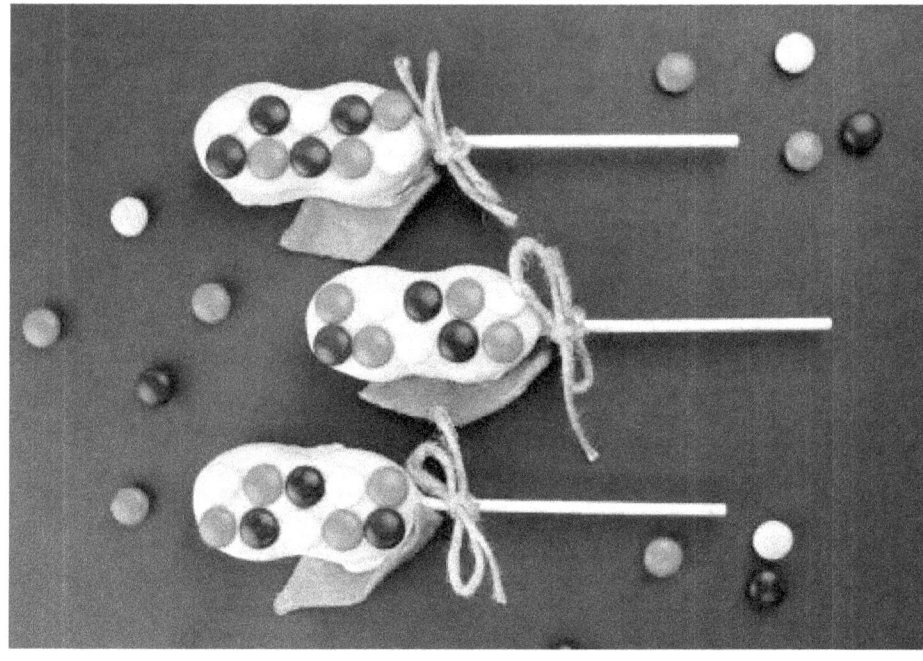

SESTAVINE:
- Sladkorni piškoti (okrogli ali ovalni)
- 1 paket (16 unč) CandiQuik Candy Coating
- Rumena in oranžna jedilna barva
- Miniaturni koščki čokolade

NAVODILA:
a) Stopite CandiQuik Candy Coating v skladu z navodili na embalaži.
b) Oblogo razdelite na dva dela in enega obarvajte z rumeno jedilno barvo, drugega pa z oranžno.
c) Vsak piškot pomočite v rumeno oblogo, majhen del pa pustite nepomočen za koruzno lupino.
d) Pustite, da se rumeni premaz strdi.
e) Nepomočen del pomočite v pomarančni premaz, da ustvarite koruzno lupino.
f) Na rumeni del za koruzna zrna položite miniaturne koščke čokolade.
g) Pustite, da se premaz strdi, preden ga postrežete.

19. Piškoti s srčki iz arašidovega masla

SESTAVINE:
- 1 skodelica arašidovega masla
- 1 skodelica sladkorja
- 1 jajce
- 1 čajna žlička vanilijevega ekstrakta
- Čokolade Hershey's Kisses, nepakirane

NAVODILA:
a) Pečico segrejte na 350 °F (175 °C) in obložite pekač s pergamentnim papirjem.
b) V skledi zmešajte arašidovo maslo, sladkor, jajca in vanilijev ekstrakt.
c) Testo razvaljajte v majhne kroglice in jih položite na pekač.
d) Pečemo 10-12 minut oziroma dokler robovi niso zlato rjavi.
e) Odstranite iz pečice in na sredino vsakega piškota takoj pritisnite Hersheyjev poljub.
f) Pustite, da se piškoti ohladijo na pekaču, preden jih prestavite na rešetko.

20. Jagodni piškoti s čokolado

SESTAVINE:
ZA PIŠKOTKE:
- 1 skodelica nesoljenega masla, zmehčanega
- 1 skodelica granuliranega sladkorja
- 2 veliki jajci
- 1 čajna žlička vanilijevega ekstrakta
- 3 skodelice večnamenske moke
- ½ čajne žličke pecilnega praška
- ¼ čajne žličke soli
- ½ skodelice jagodne marmelade ali konzerve

ZA ČOKOLADNI PRELIV:
- 1 paket CandiQuik (bonbonski obliv z okusom vanilije)
- Sveže jagode, oprane in posušene

NAVODILA:
ZA PIŠKOTKE:
a) Pečico segrejte na 350 °F (175 °C). Pekače obložite s pergamentnim papirjem.
b) V veliki skledi penasto stepite zmehčano maslo in sladkor, dokler ne postane svetlo in puhasto.
c) Eno za drugim dodajte jajca in po vsakem dodajanju dobro stepite. Vmešajte vanilijev ekstrakt.
d) V ločeni skledi zmešajte moko, pecilni prašek in sol.
e) Postopoma dodajajte suhe sestavine mokrim sestavinam in mešajte, dokler se le ne povežejo.
f) Zaobljene žlice testa za piškote polagamo na pripravljene pekače, tako da med vsakim pustimo nekaj prostora.
g) S palcem ali hrbtno stranjo žličke naredite vdolbino na sredini vsakega piškota.
h) Vsako vdolbino napolnite z majhno količino jagodne marmelade ali konzerv.
i) Pečemo v ogreti pečici 10-12 minut oziroma toliko časa, da robovi piškotov rahlo zlato porumenijo.
j) Pustite, da se piškoti nekaj minut ohladijo na pekaču, preden jih prestavite na rešetko, da se popolnoma ohladijo.

ZA ČOKOLADNI PRELIV:

k) Stopite CandiQuik v skladu z navodili na embalaži. To običajno vključuje segrevanje v mikrovalovni pečici v 30-sekundnih intervalih, dokler se popolnoma ne stopi.
l) Vrh vsakega ohlajenega piškota z jagodnim nadevom pomočite v stopljeni CandiQuik in premažite jagodno marmelado.
m) Pomočene piškote položite na pekač, obložen s pergamentom, da se čokolada strdi.
n) Po želji pokapajte še stopljeni CandiQuik po namakanih piškotih za okras.
o) Pred serviranjem počakajte, da se čokoladni obliv popolnoma strdi.
p) Vsak jagodni piškot, prelit s čokolado, okrasite s svežo jagodo na vrhu za dodaten pridih.

21.Žabji piškoti CandiQuik

SESTAVINE:
- Vanilijevi piškoti
- Zeleni bonboni se topijo ali zeleno obarvana bela čokolada
- Beli bonboni se topi ali bela čokolada bele barve
- Sladkorne oči
- Rdeči bonboni (za usta)
- Izbirno: Dodatni okraski iz sladkarij za okrasje
- Pergamentni papir

NAVODILA:
a) Pekač ali pekač obložite s peki papirjem.
b) Zlomite zelene topljene bonbone in bele topljene bonbone v ločeni skledi. Stopite vsako barvo v skladu z navodili na embalaži. To običajno vključuje segrevanje v mikrovalovni pečici v 30-sekundnih intervalih, dokler se popolnoma ne stopijo.
c) Vsak vanilijev piškotek potopite v raztopljene zelene sladkarije in zagotovite, da je v celoti prevlečen. Pri nanosu si pomagajte z vilicami ali orodjem za namakanje.
d) Pustite, da morebitna odvečna zelena obloga sladkarij odteče, nato pa obložene piškote položite na pergamentni papir.
e) Medtem ko je zelena prevleka za sladkarije še mokra, pritrdite oči iz sladkarij na vrh vsakega obloženega piškota. Kot "lepilo" za oči lahko uporabite tudi majhno količino stopljenega zelenega premaza za sladkarije.
f) Pod oči postavite rdeč bonbon, da ustvarite žabja usta.
g) Z zobotrebcem ali majhnim pripomočkom pokapajte stopljeno belo prevleko iz sladkarij po zeleni prevleki, da ustvarite žabje vzorce ali oznake.
h) Neobvezno: okrasite žabe z dodatnimi okraski iz sladkarij za okrasje, kot so pisani posipi ali majhni bonboni.
i) Pustite, da se premaz sladkarij popolnoma strdi.
j) Ko so nastavljeni, so vaši žabji piškotki pripravljeni za uživanje!

22. CandiQuik Piña Colada makaroni

SESTAVINE:
ZA MAKARONE:
- 3 skodelice naribanega kokosa (sladkanega)
- ½ skodelice CandiQuik (prevleka za sladkarije z okusom vanilije), stopljenega
- ⅓ skodelice sladkanega kondenziranega mleka
- ¼ skodelice ananasovega soka
- 1 čajna žlička vanilijevega ekstrakta
- ½ skodelice drobno sesekljanega ananasa (konzerviranega ali svežega)
- Ščepec soli

ZA OBLOGO CANDIQUIK:
- 1 paket CandiQuik (bonbonski obliv z okusom vanilije)
- 1 žlica kokosovega olja

NAVODILA:

ZA MAKARONE:
a) Pečico segrejte na 325 °F (163 °C). Pekač obložite s peki papirjem.
b) V veliki skledi zmešajte nariban kokos, stopljeni CandiQuik, sladkano kondenzirano mleko, ananasov sok, ekstrakt vanilje, drobno narezan ananas in ščepec soli. Mešajte, dokler se dobro ne poveže.
c) Z zajemalko za piškote ali rokami oblikujte majhne kupčke iz zmesi in jih položite na pripravljen pekač.
d) Pečemo v ogreti pečici 15-18 minut oziroma dokler robovi makronov niso zlato rjavi.
e) Pustite, da se makroni popolnoma ohladijo na pekaču.

ZA OBLOGO CANDIQUIK:
f) Stopite CandiQuik v skladu z navodili na embalaži. To običajno vključuje segrevanje v mikrovalovni pečici v 30-sekundnih intervalih, dokler se popolnoma ne stopi.
g) Mešajte kokosovo olje, dokler se dobro ne združi.

SESTAVLJANJE:
h) Dno vsakega ohlajenega makrona pomočite v premaz CandiQuik in pustite, da morebitni odvečni odteče.
i) Premazane makrone položite na pekač, obložen s pergamentom.
j) Po želji lahko po vrhu vsakega makrona za dekoracijo pokapate dodaten premaz CandiQuik.
k) Pustite, da se premaz CandiQuik popolnoma strdi, preden ga postrežete.

23. CandiQuik Oreo

SESTAVINE:
- Oreos (običajni ali dvojno polnjeni)
- 1 paket CandiQuik (bonbonski obliv z okusom vanilije)
- Za okras raznobarvna glazura ali sladkarije
- Različni posipi ali užitni okraski
- Trak ali vrvica (za obešanje)

NAVODILA:
a) Pekač obložite s peki papirjem.
b) Oreo piškote ločite tako, da stran s kremnim nadevom ostane nedotaknjena.
c) CandiQuik razlomite na koščke in ga položite v toplotno odporno skledo. Stopite CandiQuik v skladu z navodili na embalaži. To običajno vključuje segrevanje v mikrovalovni pečici v 30-sekundnih intervalih, dokler se popolnoma ne stopi.
d) Z vilicami ali zobotrebcem pomočite vsak piškot Oreo v stopljeni CandiQuik, da zagotovite enakomeren premaz. Pustite, da odvečni premaz odteče.
e) Premazane Oreos položite na s peki papirjem obložen pekač.
f) Medtem ko je prevleka CandiQuik še vedno mokra, uporabite barvno glazuro ali topljene sladkarije, da na vsaki Oreo ustvarite praznične vzorce, kot so vrtinci, črte ali praznični vzorci.
g) Na mokro prevleko CandiQuik potresite različne barvne posipe ali užitne okraske za dodaten praznični pridih.
h) Pustite, da se premaz CandiQuik in okraski delno strdijo, vendar ne popolnoma.
i) Z zobotrebcem ali nabodalom naredite majhno luknjo blizu vrha vsakega premazanega Orea za vstavljanje traku ali vrvice.
j) Pustite, da se premaz CandiQuik popolnoma strdi in strdi.
k) Ko so okraski Oreo popolnoma strjeni, napeljite trak ali vrvico skozi luknjo, zavežite vozel in ustvarite zanko za obešanje.
l) Oreo okraske obesite na drevo ali jih razporedite v okrasno skledo za praznično razstavo.

TARTUFLI

24. CandiQuik Kahlua

SESTAVINE:
- 1 paket (16 unč) CandiQuik Candy Coating
- ¼ skodelice težke smetane
- 2 žlici nesoljenega masla
- 3 žlice likerja Kahlua
- Kakav v prahu ali sladkor v prahu za oblaganje

NAVODILA:
a) V srednje veliki ponvi stopite CandiQuik Candy Coating na majhnem ognju in nenehno mešajte.
b) Ko se stopi, dodajte smetano in nesoljeno maslo v ponev. Nadaljujte z mešanjem, dokler zmes ni gladka in dobro združena.
c) Odstranite ponev z ognja in mešajte liker Kahlua, dokler ni popolnoma premešan.
d) Pustite, da se mešanica ohladi na sobno temperaturo. Ko je ohlajena, ponev pokrijte in pustite v hladilniku vsaj 2 uri ali dokler se zmes ne strdi.
e) Ko je zmes čvrsta, z žlico ali majhno zajemalko razdelite porcije v velikosti tartufa. Vsak del razvaljajte v kroglico in položite na pekač, obložen s pergamentom.
f) Po želji tartufe povaljajte v kakavu ali sladkorju v prahu, da jih prekrijete.
g) Tartufe hladite še dodatnih 30 minut, da se strdijo.
h) Postrezite in uživajte v okusnih tartufih CandiQuik Kahlua!

25.CandiQuik medeni timijanovi tartufi

SESTAVINE:
ZA TARTUFE:
- 1 paket CandiQuik (bonbonski obliv z okusom vanilije)
- ½ skodelice težke smetane
- 2 žlici medu
- 1 žlica svežih timijanovih listov, drobno sesekljanih
- Lupina 1 limone

ZA PREMAZ:
- ½ skodelice drobno sesekljanih pistacij ali mandljev (za oblaganje)
- Dodatni listi svežega timijana za okras

NAVODILA:
a) V majhni kozici segrevajte smetano na srednjem ognju, dokler ne začne vreti. Odstranite z ognja.
b) CandiQuik razlomite na koščke in ga položite v toplotno odporno skledo. Vročo smetano prelijte čez CandiQuik in pustite stati minuto, da se zmehča.
c) Zmes mešajte, dokler se CandiQuik popolnoma ne stopi in postane gladka.
d) Stopljeni mešanici CandiQuik dodajte med, drobno sesekljane lističe timijana in limonino lupinico. Dobro premešajte, da se poveže.
e) Pustite, da se mešanica ohladi na sobno temperaturo, nato pa jo postavite v hladilnik za vsaj 2 uri ali dokler ne postane dovolj čvrsta, da jo lahko obvladate.
f) V plitvo skledo damo drobno sesekljane pistacije ali mandlje za oblaganje.
g) Ko je mešanica tartufov ohlajena, z žlico ali lopatico za melono zajemajte majhne porcije in jih zvaljajte v kroglice.
h) Vsak tartuf povaljajte v sesekljanih pistacijah ali mandljih, da zagotovite enakomeren premaz.
i) Obložene tartufe položite na pekač, obložen s pergamentom.
j) Vsak tartuf okrasite z majhnim lističem timijana za okras.
k) Tartufe hladite približno 30 minut, da se strdijo.
l) Postrezite in uživajte v teh tartufih z medenim timijanom kot čudoviti poslastici z edinstveno kombinacijo okusov!

26. CandiQuik tartufi iz črnega fižola

SESTAVINE:
- 1 pločevinka (15 unč) črnega fižola, odcejenega in opranega
- ½ skodelice kakava v prahu
- ¼ skodelice medu ali javorjevega sirupa
- 1 čajna žlička vanilijevega ekstrakta
- Ščepec soli
- 1 paket (16 unč) CandiQuik Candy Coating

NAVODILA:
a) V kuhinjskem robotu zmešajte črni fižol, kakav v prahu, med ali javorjev sirup, ekstrakt vanilije in sol, dokler ne nastane gladka zmes.
b) Zmes oblikujte v kroglice velikosti tartufa in jih položite na pekač, obložen s pergamentom.
c) Stopite CandiQuik Candy Coating v skladu z navodili na embalaži.
d) Vsak tartuf pomočite v stopljeni CandiQuik, da ga premažete.
e) Pustite, da se premaz strdi, preden ga postrežete.

27.CandiQuik burbonski tartufi

SESTAVINE:
- 1 paket (16 unč) CandiQuik Candy Coating
- ¼ skodelice težke smetane
- 2 žlici nesoljenega masla
- 3 žlice burbona
- Kakav v prahu, sladkor v prahu ali sesekljani oreščki za oblaganje

NAVODILA:
a) V srednje veliki ponvi stopite CandiQuik Candy Coating na majhnem ognju in nenehno mešajte.
b) Ko se stopi, dodajte smetano in nesoljeno maslo v ponev. Nadaljujte z mešanjem, dokler zmes ni gladka in dobro združena.
c) Odstranite ponev z ognja in mešajte burbon, dokler ni popolnoma premešan.
d) Pustite, da se mešanica ohladi na sobno temperaturo. Ko je ohlajena, ponev pokrijte in pustite v hladilniku vsaj 2 uri ali dokler se zmes ne strdi.
e) Ko je zmes čvrsta, z žlico ali majhno zajemalko razdelite porcije v velikosti tartufa. Vsak del razvaljajte v kroglico.
f) Tartufe povaljajte v kakavu v prahu, sladkorju v prahu ali sesekljanih oreščkih, da jih prekrijete.
g) Obložene tartufe položite na pekač, obložen s pergamentom.
h) Tartufe hladite še dodatnih 30 minut, da se strdijo.
i) Postrezite in uživajte v okusnih tartufih CandiQuik Bourbon!

28. Tartufi s čokoladno slanino

SESTAVINE:
ZA TARTUFE:
- 1 skodelica kuhane in nadrobljene slanine
- 1 ½ skodelice CandiQuik (preliv za sladkarije z okusom vanilije)
- ½ skodelice težke smetane
- ¼ skodelice nesoljenega masla
- 1 čajna žlička vanilijevega ekstrakta
- Ščepec soli

ZA PREMAZ:
- 1 skodelica temne čokolade, stopljena
- Nadrobljena slanina za preliv

NAVODILA:
ZA TARTUFE:
a) V majhni kozici segrevajte smetano na srednjem ognju, dokler ne začne vreti. Odstranite z ognja.
b) V toplotno odporni skledi zmešajte CandiQuik, nadrobljeno slanino in sol.
c) Vročo smetano prelijemo čez mešanico CandiQuika in slanine. Pustite stati minuto, da se prevleka sladkarij zmehča.
d) Zmes mešajte, dokler se CandiQuik popolnoma ne stopi in postane gladka.
e) Mešanici CandiQuik dodajte nesoljeno maslo in ekstrakt vanilije. Mešajte, dokler se maslo ne stopi in zmes dobro poveže.
f) Mešanico tartufov hladite vsaj 2 uri ali dokler ne postane dovolj čvrsta, da jo lahko obvladate.

ZA MONTAŽO:
g) Ko je mešanica tartufov ohlajena, z žlico ali lopatico za melono zajemajte majhne porcije in jih zvaljajte v kroglice.
h) Tartufove kroglice položite na pekač, obložen s pergamentom, in jih vrnite v hladilnik, medtem ko pripravljate premaz.

ZA PREMAZ:
i) Temno čokolado raztopimo po navodilih na embalaži. To običajno vključuje segrevanje v mikrovalovni pečici v 30-sekundnih intervalih, dokler se popolnoma ne stopi.

j) Vsak tartuf pomočite v stopljeno temno čokolado in tako zagotovite enakomeren premaz.
k) Obložene tartufe položite nazaj na pekač, obložen s pergamentom.
l) Preden se temna čokolada strdi, po vrhu vsakega tartufa potresite nadrobljeno slanino za dodaten okus in okras.
m) Pustite, da se premaz popolnoma strdi, preden ga postrežete.

29.Mehiški začimbni tartufi Cinco de Mayo

SESTAVINE:
ZA TARTUFE:
- 1 paket CandiQuik (bonbonski obliv z okusom vanilije)
- ½ skodelice težke smetane
- 1 čajna žlička mletega cimeta
- ½ čajne žličke mletega muškatnega oreščka
- ¼ čajne žličke mletega kajenskega popra (prilagodite okusu za pikantnost)
- ¼ čajne žličke mletih nageljnovih žbic
- ¼ čajne žličke mletega pimenta
- Lupina 1 pomaranče

ZA PREMAZ:
- ½ skodelice kakava v prahu
- ¼ skodelice sladkorja v prahu
- 1 čajna žlička mletega cimeta (za posip)

NAVODILA:
a) V majhni kozici segrevajte smetano na srednjem ognju, dokler ne začne vreti. Odstranite z ognja.
b) CandiQuik razlomite na koščke in ga položite v toplotno odporno skledo. Vročo smetano prelijte čez CandiQuik in pustite stati minuto, da se zmehča.
c) Zmes mešajte, dokler se CandiQuik popolnoma ne stopi in postane gladka.
d) Dodajte mleti cimet, muškatni oreček, kajenski poper, nageljnove žbice, piment in pomarančno lupinico stopljeni mešanici CandiQuik. Dobro premešajte, da se poveže.
e) Pustite, da se mešanica ohladi na sobno temperaturo, nato pa jo postavite v hladilnik za vsaj 2 uri ali dokler ne postane dovolj čvrsta, da jo lahko obvladate.
f) V plitvi skledi zmešajte kakav v prahu in sladkor v prahu. Dati na stran.
g) Ko je mešanica tartufov ohlajena, z žlico ali lopatico za melono zajemajte majhne porcije in jih zvaljajte v kroglice.
h) Vsak tartuf povaljajte v mešanici kakava in sladkorja v prahu, da zagotovite enakomeren premaz.

i) Obložene tartufe položite na pekač, obložen s pergamentom.
j) Tartufe potresite z malo mletega cimeta za dodatno plast okusa.
k) Tartufe hladite približno 30 minut, da se strdijo.
l) Postrezite in uživajte v teh mehiških začimbnih tartufih kot čudoviti poslastici za Cinco de Mayo ali katero koli posebno priložnost!

30.CandiQuik pecan pita s tartufi

SESTAVINE:
ZA TARTUFE:
- 1 skodelica pekanov, drobno sesekljanih
- 1 skodelica drobtin graham krekerja
- ½ skodelice lahkega koruznega sirupa
- ¼ skodelice nesoljenega masla, stopljenega
- ¼ skodelice rjavega sladkorja
- 1 čajna žlička vanilijevega ekstrakta
- Ščepec soli

ZA PREMAZ:
- 1 paket CandiQuik (bonbonski obliv z okusom vanilije)

ZA OKRAS (OPCIJSKO):
- Celi pekani za okras
- Dodatne drobtine graham krekerja

NAVODILA:
ZA TARTUFE:
a) V veliki skledi za mešanje zmešajte drobno sesekljane pekanove orehe, drobtine graham krekerja, lahek koruzni sirup, stopljeno maslo, rjavi sladkor, vanilijev ekstrakt in ščepec soli. Mešajte, dokler se dobro ne poveže.
b) Zmes postavimo v hladilnik za približno 30 minut, da se strdi.
c) Ko je zmes čvrsta, z rokami razvaljajte majhne porcije v kroglice velikosti tartufa in jih položite na pekač, obložen s pergamentom.

ZA PREMAZ:
d) Stopite CandiQuik v skladu z navodili na embalaži. To običajno vključuje segrevanje v mikrovalovni pečici v 30-sekundnih intervalih, dokler se popolnoma ne stopi.
e) Z vilicami ali zobotrebcem pomočite vsak tartuf za pito s pekanom v stopljeni CandiQuik, da zagotovite enakomeren premaz.
f) Obložene tartufe položite nazaj na pekač, obložen s pergamentom.

ZA OKRAS (OPCIJSKO):
g) Medtem ko je obloga CandiQuik še mokra, na vsak tartuf položite cel oreh za dekoracijo.
h) Po vrhu vsakega tartufa potresite dodatne drobtine graham krekerja za dodaten okus in teksturo.
i) Pred serviranjem pustite, da se premaz CandiQuik popolnoma strdi.

31. Čokoladne žlice s tartufi iz arašidovega masla

SESTAVINE:
- 1 skodelica kremastega arašidovega masla
- ½ skodelice sladkorja v prahu
- ¼ skodelice nesoljenega masla, zmehčanega
- 1 čajna žlička vanilijevega ekstrakta
- Ščepec soli
- 1 paket CandiQuik (bonbonski obliv z okusom vanilije)
- Modeli za čokolado ali sladkarije
- Lesene žlice ali plastične žlice za namakanje

NAVODILA:
a) V skledi zmešajte kremasto arašidovo maslo, sladkor v prahu, zmehčano maslo, vanilijev ekstrakt in ščepec soli. Mešajte, dokler se dobro ne poveže.
b) Mešanico arašidovega masla razvaljajte v majhne kroglice velikosti tartufa in jih položite na pekač, obložen s pergamentom. Pladenj postavimo v hladilnik za približno 30 minut, da se tartufi strdijo.
c) CandiQuik razlomite na koščke in ga položite v toplotno odporno skledo. Stopite CandiQuik v skladu z navodili na embalaži. To običajno vključuje segrevanje v mikrovalovni pečici v 30-sekundnih intervalih, dokler se popolnoma ne stopi.
d) Pripravite modelčke za čokolado ali bonbone. Če uporabljate lesene ali plastične žlice, potopite glave žlic v stopljeni CandiQuik, da ustvarite čokoladno osnovo.
e) Na vsako s čokolado obloženo žlico ali v vsak model položite tartuf iz arašidovega masla.
f) Več stopljenega CandiQuika prelijte čez tartufe iz arašidovega masla, da jih popolnoma prekrijete.
g) Pustite, da se premaz CandiQuik delno strdi, vendar ne popolnoma.
h) Neobvezno: po želji lahko za dekoracijo po vrhu pokapate še stopljeni CandiQuik.
i) Pustite, da se čokoladni obliv popolnoma strdi in strdi.
j) Ko je strjena, so vaše žličke za čokolado s tartufi iz arašidovega masla pripravljene za uživanje!

32. Chocolate Stout Cake Tartufi

SESTAVINE:
TORTA:
- 1 škatla mešanice za torto iz temne čokolade (+ sestavine za mešanico za torto)
- 1¼ skodelice piva Guinness Extra Stout

GLAZURA:
- 8 žlic (1 palčka) masla
- 3-4 skodelice sladkorja v prahu, presejanega
- 3 žlice močnega piva (npr. Guinness)
- ½ čajne žličke vanilijevega ekstrakta
- Ščepec soli

PREMAZ:
- 2 paketa čokoladnega CandiQuik premaza

NAVODILA:
a) Pripravite torto po navodilih na škatli (vodo nadomestite z enako količino, 1–¼ skodelice porterja ali močnega piva).
b) Ohlajeno torto nadrobimo v večjo skledo.
c) Pripravite glazuro: zmehčano maslo penasto umešajte. Počasi dodajte sladkor v prahu, stout, vanilijo in sol; stepajte na srednje močni temperaturi 3 minute ali dokler ne postane rahlo in puhasto.
d) Dodajte ½ skodelice glazure v razdrobljeno torto in temeljito premešajte.
e) Mešanico razvaljajte v kroglice velikosti 1" in postavite v hladilnik za približno 1 uro.
f) Stopite čokolado CandiQuik v pladnju Melt and Make Microwaveable v skladu z navodili na embalaži. Tortne kroglice pomočite v čokoladni premaz in jih položite na voščen papir, da se strdijo.

33.Šampanjec Torta Tartufi

SESTAVINE:
ZA TORTO TARTUFI:
- 1 škatla mešanice za torte z okusom šampanjca (plus sestavine, navedene na škatli, npr. jajca, olje, voda)
- 1 skodelica šampanjca ali penečega vina
- ½ skodelice glazure iz maslene smetane (kupljene ali doma narejene)
- 1 paket CandiQuik (bonbonski obliv z okusom vanilije)
- Jedilni zlati ali srebrni prah za dekoracijo (neobvezno)

ZA CAKE POPS (NEOBVEZNO):
- Lollipop palčke
- Dodaten CandiQuik za premaz
- Jedilni zlati ali srebrni prah za dekoracijo (neobvezno)

NAVODILA:
ZA TORTO TARTUFI:
a) Predgrejte pečico v skladu z navodili za mešanico torte. Pekač namastimo in pomokamo.
b) Pripravite mešanico za torte z okusom šampanjca v skladu z navodili na embalaži, pri čemer vodo nadomestite s šampanjcem.
c) Torto spečemo po navodilih in pustimo, da se popolnoma ohladi.
d) Ko se torta ohladi, jo v veliki skledi za mešanje nadrobite v drobne drobtine.
e) Dodajte glazuro iz maslene smetane tortnim drobtinam in mešajte, dokler se dobro ne poveže. Zmes mora imeti konsistenco, podobno testu.
f) Iz mešanice oblikujte majhne kroglice v velikosti tartufa in jih položite na pekač, obložen s pergamentom.
g) Stopite CandiQuik v skladu z navodili na embalaži. To običajno vključuje segrevanje v mikrovalovni pečici v 30-sekundnih intervalih, dokler se popolnoma ne stopi.
h) Vsak tortni tartuf pomočite v stopljeni CandiQuik, da zagotovite enakomeren premaz.
i) Obložene tartufe položite nazaj na pekač, obložen s pergamentom.
j) Po želji po vrhu tartufov potresite jedilno zlat ali srebrn prah za okras.

k) Pred serviranjem pustite, da se premaz CandiQuik popolnoma strdi.

ZA CAKE POPS (NEOBVEZNO):
l) Sledite zgornjim korakom za pripravo zmesi za tartufe in jih oblikujte v kroglice.
m) Namesto da tartufe položite na pladenj, vstavite palčke lizike v vsako tortno kroglico, da ustvarite cake pops.
n) Stopite dodatno CandiQuik za premaz cake popsov.
o) Vsak cake pop pomočite v stopljeni CandiQuik, da zagotovite enakomeren premaz.
p) Pustite, da morebitni odvečni premaz odteče, preden cake popse položite na pekač, obložen s pergamentom.
q) Neobvezno: potresite jedilni zlati ali srebrni prah na vrh kolačkov za okras.
r) Pred serviranjem pustite, da se premaz CandiQuik popolnoma strdi.

KOLAČNI grizljaji

34. CandiQuik grižljaji pomarančne kremne torte

SESTAVINE:
- 1 škatla mešanice za vanilijevo torto (plus potrebne sestavine, kot so jajca, olje, voda)
- 1 skodelica pomarančnega soka
- Lupina ene pomaranče
- 1 čajna žlička vanilijevega ekstrakta
- ½ skodelice nesoljenega masla, stopljenega
- 2 skodelici premaza CandiQuik (oranžna ali bela)
- Oranžna jedilna barva (neobvezno)
- Posipi za dekoracijo (neobvezno)

NAVODILA:

a) Predgrejte pečico v skladu z navodili za mešanico torte.
b) V veliki mešalni posodi pripravite mešanico za vanilijevo torto po navodilih na škatli.
c) Masi za torto dodajte pomarančni sok, pomarančno lupinico, ekstrakt vanilije in stopljeno maslo. Mešajte, dokler se dobro ne poveže.
d) Maso vlijemo v pomaščen in pomokan tortni pekač.
e) Pecite torto po navodilih na embalaži.
f) Ko je pečena, pustite, da se torta popolnoma ohladi.
g) Ohlajeno torto z rokami ali vilicami nadrobimo v drobne drobtine.
h) Vzemite majhne porcije kolačnih drobtin in jih razvaljajte v kroglice v velikosti grižljaja. Tortne kroglice položite na pekač, obložen s pergamentom.
i) V posodi, primerni za uporabo v mikrovalovni pečici, raztopite premaz CandiQuik v skladu z navodili na embalaži. Po želji dodajte nekaj kapljic oranžne jedilne barve, da dosežete želeno barvo.
j) Vsako tortno kroglico z vilicami ali zobotrebcem pomočite v stopljeni premaz CandiQuik in zagotovite, da so enakomerno premazane. Pustite, da odvečni premaz odteče.
k) Obložene tortne kroglice položite nazaj na pergamentni papir. Okrasimo s posipom tik preden se premaz strdi.
l) Pustite, da se tortni grižljaji ohladijo in premaz popolnoma strdi, tako da jih postavite v hladilnik za približno 15-20 minut.
m) Ko je premaz čvrst, prenesite grižljaje pomarančne torte Creamsicle na servirni krožnik.
n) Postrezite in uživajte v teh čudovitih dobrotah na naslednjem srečanju ali kot sladko razvajanje.

35.Cannoli grižljaji CandiQuik

SESTAVINE:
- 1 skodelica sira ricotta
- ½ skodelice sladkorja v prahu
- ½ čajne žličke vanilijevega ekstrakta
- ¼ skodelice mini čokoladnih koščkov
- 1 paket CandiQuik (bonbonski obliv z okusom vanilije)
- ¼ skodelice sesekljanih pistacij (neobvezno, za okras)
- Mini školjke za pecivo ali školjke za kanole

NAVODILA:

a) V skledi za mešanje zmešajte sir ricotta, sladkor v prahu in vanilijev ekstrakt. Mešajte, dokler se dobro ne poveže.

b) Mini čokoladne koščke vmešajte v mešanico rikote. Prepričajte se, da so enakomerno porazdeljeni.

c) Stopite CandiQuik v skladu z navodili na embalaži. To običajno vključuje segrevanje v mikrovalovni pečici v 30-sekundnih intervalih, dokler se popolnoma ne stopi.

d) Robove mini peciva ali lupin cannoli pomočite v stopljeni CandiQuik, da zagotovite enakomeren premaz. Pustite, da odvečni premaz odteče.

e) Premazane školjke položite na pekač, obložen s pergamentom, in pustite, da se strdijo, dokler se CandiQuik ne strdi.

f) Napolnite vrečko za cevi z mešanico rikote. Če nimate cevne vrečke, lahko uporabite vrečko Ziploc in v enem kotu izrežete majhno luknjo.

g) V vsako prevlečeno lupino nalijte mešanico rikote in jih napolnite.

h) Če želite, potresite sesekljane pistacije po izpostavljenem rikottinem polnilu za dodaten okus in teksturo.

i) Pustite Cannoli Bites, da se ohladijo v hladilniku vsaj 30 minut, da se nadev strdi.

j) Ko se ohladijo, postrezite in uživajte v teh čudovitih Cannoli grižljajih CandiQuik!

36.CandiQuik češnjeve tortne bombe

SESTAVINE:

ZA TORTO:
- 1 škatla mešanice za belo torto (plus sestavine, navedene na škatli, npr. jajca, olje, voda)
- 1 skodelica češenj maraskino, narezana in odcejena
- ½ skodelice belih čokoladnih čipov

ZA PREMAZ:
- 1 paket CandiQuik (bonbonski obliv z okusom vanilije)

ZA DEKORACIJO (OPCIJSKO):
- Rdeči ali rožnati bonboni se stopijo (za polivanje)
- Dodatno sesekljane češnje maraskino

NAVODILA:

ZA TORTO:
a) Predgrejte pečico v skladu z navodili za mešanico torte. Namastite in pomokajte pekač velikosti 9x13 palcev.
b) Mešanico za belo torto pripravite po navodilih na embalaži.
c) V testo za torto vmešajte sesekljane češnje maraskino in koščke bele čokolade.
d) Maso vlijemo v pripravljen pekač in pečemo po navodilih na embalaži.
e) Pustite, da se torta popolnoma ohladi, nato pa jo nadrobite v veliko skledo.
f) Z rokami ali žlico mešajte nadrobljeno torto, dokler ne nastane testu podobna konsistenca.
g) Vzemite majhne porcije zmesi za torto in jih razvaljajte v kroglice velikosti grižljaja. Položite jih na pekač, obložen s pergamentom.

ZA PREMAZ:
h) Stopite CandiQuik v skladu z navodili na embalaži. To običajno vključuje segrevanje v mikrovalovni pečici v 30-sekundnih intervalih, dokler se popolnoma ne stopi.
i) Vsako tortno kroglico pomočite v stopljeni CandiQuik, da zagotovite enakomeren premaz.
j) Obložene tortne kroglice položite nazaj na pekač, obložen s pergamentom.

ZA DEKORACIJO (OPCIJSKO):

k) Stopite rdeče ali rožnate sladkarije v skladu z navodili na embalaži.
l) Za dekoracijo pokapajte stopljene sladkarije po obloženih tortnih kroglicah.
m) Na vrh vsake tortne bombe položite majhen košček sesekljane češnje maraskino.
n) Pustite, da se premaz popolnoma strdi, preden ga postrežete.

37. Margarita tortne kroglice

SESTAVINE:
ZA KROGLICE ZA TORTO:
- 1 škatla mešanice za belo torto (plus sestavine, navedene na škatli, npr. jajca, olje, voda)
- ⅓ skodelice tekile
- ¼ skodelice trojne sekunde
- Lupina 2 limet

ZA GLAZURO MARGARITA:
- 2 skodelici sladkorja v prahu
- 2-3 žlice tekile
- 1 žlica triple sec
- Lupina 1 limete

ZA PREMAZ:
- 1 paket CandiQuik (bonbonski obliv z okusom vanilije)
- Groba sol (za okras, neobvezno)

NAVODILA:
ZA KROGLICE ZA TORTO:
a) Predgrejte pečico v skladu z navodili za mešanico torte. Namastite in pomokajte pekač velikosti 9x13 palcev.
b) Mešanico za belo torto pripravite po navodilih na embalaži.
c) Ko je testo pripravljeno, vmešajte tekilo, triple sec in limetino lupinico, dokler se dobro ne premeša.
d) Kolač spečemo v pripravljenem pekaču po navodilih na embalaži. Pustite, da se popolnoma ohladi.
e) Ko se torta ohladi, jo v veliki skledi za mešanje nadrobite v drobne drobtine.

ZA GLAZURO MARGARITA:
f) V ločeni skledi zmešajte sladkor v prahu, tekilo, triple sec in limetino lupinico, dokler ne dobite gladke glazure.
g) Glazuro prelijemo čez tortne drobtine in mešamo, da se dobro povežejo.
h) Zmes razvaljajte v majhne tortne kroglice s premerom približno 1 do 1,5 palca in jih položite na pekač, obložen s pergamentom.
i) Pladenj postavimo v hladilnik za vsaj 1-2 uri, da se tortne kroglice strdijo.

ZA PREMAZ:

j) Stopite CandiQuik v skladu z navodili na embalaži. To običajno vključuje segrevanje v mikrovalovni pečici v 30-sekundnih intervalih, dokler se popolnoma ne stopi.

k) Vsako tortno kroglico z vilicami ali zobotrebcem pomočite v raztopljen CandiQuik, da zagotovite enakomerno prevleko.

l) Obložene tortne kroglice polagajte na pekač, obložen s pergamentom.

m) Izbirno: na vrh vsake tortne kroglice potresite grobo sol, medtem ko je premaz CandiQuik še moker za slan obod po navdihu Margarite.

n) Pred serviranjem pustite, da se premaz CandiQuik popolnoma strdi.

38. CandiQuik kroglice za torto Eyeball

SESTAVINE:
- Tortne kroglice (pripravljene po vašem najljubšem receptu za torte ali kupljene v trgovini)
- 1 paket (16 unč) CandiQuik Candy Coating
- Rdeča gel glazura ali malinova marmelada za "krvav" učinek
- Miniaturni koščki čokolade ali sladkarije

NAVODILA:
a) Stopite CandiQuik Candy Coating v skladu z navodili na embalaži.
b) Vsako tortno kroglico pomočite v stopljeni CandiQuik, da jo premažete.
c) Na obloženo tortno kroglico položite dva miniaturna koščka čokolade ali sladkarije.
d) Z rdečim gelom ali malinovo marmelado ustvarite "krvav" učinek okoli oči.
e) Pustite, da se premaz strdi, preden ga postrežete.

39. CandiQuik Pumpkin Spice Cake Bites

SESTAVINE:
ZA TORTNE GRIŽLJAJE:
- 1 škatla mešanice za začimbe in sestavine, navedene na škatli
- 1 skodelica konzerviranega bučnega pireja
- 1 čajna žlička začimbe za bučno pito

ZA PREMAZ:
- 1 paket CandiQuik (bonbonski obliv z okusom vanilije)

ZA OKRAS (OPCIJSKO):
- Mleti cimet
- Sesekljani oreščki (npr. pekani ali orehi)

NAVODILA:
ZA TORTNE GRIŽLJAJE:
a) Predgrejte pečico v skladu z navodili za mešanico torte. Namastite in pomokajte pekač velikosti 9x13 palcev.
b) Mešanico za začimbe pripravite po navodilih na embalaži.
c) Masi za torto dodajte bučni pire iz pločevinke in začimbo za bučno pito. Mešajte, dokler se dobro ne poveže.
d) Maso vlijemo v pripravljen pekač in pečemo po navodilih na embalaži. Pustite, da se torta popolnoma ohladi.
e) Ko se torta ohladi, jo v veliki skledi za mešanje nadrobite v drobne drobtine.

ZA MONTAŽO:
f) Z rokami ali žlico mešajte nadrobljeno torto z rokami ali žlico, dokler ne nastane testu podobna konsistenca.
g) Zmes razvaljajte v majhne tortne kroglice s premerom približno 1 do 1,5 palca in jih položite na pekač, obložen s pergamentom.
h) Pladenj postavimo v hladilnik za vsaj 1-2 uri, da se tortne kroglice strdijo.

ZA PREMAZ:
i) Stopite CandiQuik v skladu z navodili na embalaži. To običajno vključuje segrevanje v mikrovalovni pečici v 30-sekundnih intervalih, dokler se popolnoma ne stopi.
j) Vsako tortno kroglico z vilicami ali zobotrebcem pomočite v raztopljen CandiQuik, da zagotovite enakomerno prevleko.

k) Obložene tortne kroglice položite nazaj na pekač, obložen s pergamentom.

ZA OKRAS (OPCIJSKO):

l) Medtem ko je premaz CandiQuik še moker, po vrhu vsake tortne kroglice potresite mleti cimet ali sesekljane oreščke za dodaten okus in okras.

m) Pred serviranjem pustite, da se premaz CandiQuik popolnoma strdi.

40. CandiQuik čokoladni BaNilla vaflji

SESTAVINE:
- Vanilijevi piškoti
- 1 paket CandiQuik (bonbonski obliv z okusom vanilije)
- Koščki temne čokolade ali oblati iz temne čokolade (za oblivanje, po želji)
- Posip ali sesekljani oreščki (po želji, za okras)

NAVODILA:
a) Pekač obložite s peki papirjem.
b) CandiQuik razlomite na koščke in ga položite v toplotno odporno skledo. Stopite CandiQuik v skladu z navodili na embalaži. To običajno vključuje segrevanje v mikrovalovni pečici v 30-sekundnih intervalih, dokler se popolnoma ne stopi.
c) Vsak vanilijev piškotek pomočite v stopljeni CandiQuik in zagotovite, da je v celoti prevlečen.
d) Z vilicami ali orodjem za pomakanje obložene rezine dvignite iz CandiQuika, da morebitni odvečni premaz odceja.
e) Obložen oblat položimo na s peki papirjem obložen pekač.
f) Izbirno: Če želite dodati dekoracijo, s CandiQuik obloženimi oblati z žlico ali cevno vrečko pokapajte stopljeno temno čokolado. Po mokri prevleki CandiQuik lahko za dodatno teksturo in dekoracijo potresete tudi posip ali sesekljane oreščke.
g) Pustite, da se premaz CandiQuik (in morebitni dodatni okraski) popolnoma strdi in strdi.

41. CandiQuik grižljaji vina in čokoladne torte

SESTAVINE:
ZA TORTNE GRIŽLJAJE:
- 1 škatla mešanice za čokoladno torto (plus sestavine, navedene na škatli, npr. jajca, olje, voda)
- 1 skodelica rdečega vina (uporabite vino z okusi, ki jih uživate)
- ½ skodelice CandiQuik (prevleka za sladkarije z okusom vanilije), stopljenega

ZA PREMAZ:
- 1 paket CandiQuik (bonbonski obliv z okusom vanilije)

ZA OKRAS (OPCIJSKO):
- Ostružki temne čokolade ali kakav v prahu
- Kosmiči morske soli

NAVODILA:
ZA TORTNE GRIŽLJAJE:
a) Predgrejte pečico v skladu z navodili za mešanico čokoladne torte. Namastite in pomokajte pekač velikosti 9x13 palcev.
b) Pripravite mešanico za čokoladno torto v skladu z navodili na embalaži, vodo pa zamenjajte z rdečim vinom.
c) Maso vlijemo v pripravljen pekač in pečemo po navodilih na embalaži. Pustite, da se torta popolnoma ohladi.
d) Ko se torta ohladi, jo v veliki skledi za mešanje nadrobite v drobne drobtine.

ZA MONTAŽO:
e) Z rokami ali žlico mešajte nadrobljeno torto z rokami ali žlico, dokler ne nastane testu podobna konsistenca.
f) Zmes razvaljajte v majhne tortne kroglice s premerom približno 1 do 1,5 palca in jih položite na pekač, obložen s pergamentom.
g) Pladenj za približno 30 minut postavimo v hladilnik, da se tortne kroglice strdijo.

ZA PREMAZ:
h) Stopite CandiQuik v skladu z navodili na embalaži. To običajno vključuje segrevanje v mikrovalovni pečici v 30-sekundnih intervalih, dokler se popolnoma ne stopi.
i) Vsako tortno kroglico z vilicami ali zobotrebcem pomočite v raztopljen CandiQuik, da zagotovite enakomerno prevleko.

j) Obložene tortne kroglice položite nazaj na pekač, obložen s pergamentom.

ZA OKRAS (OPCIJSKO):

k) Medtem ko je prevleka CandiQuik še mokra, po vrhu vsake tortne kroglice potresite ostružke temne čokolade ali kakav v prahu za dodaten okus in okras.
l) Po želji po vrhu potresite nekaj kosmičev morske soli, da izboljšate bogat okus čokolade.
m) Pred serviranjem pustite, da se premaz CandiQuik popolnoma strdi.

42.Grižljaji mavrične torte Pot O' Gold

SESTAVINE:
- 1 škatla vaše najljubše mešanice za torte (in sestavine, navedene na škatli)
- 1 skodelica glazure iz maslene smetane
- CandiQuik Candy Coating
- Mavrični posipi
- Zlati čokoladni kovanci

NAVODILA:
a) Sledite navodilom na škatli z mešanico za torto, da pripravite maso za torto. Kolač spečemo v pravokotnem pekaču po navodilih na embalaži. Pustite, da se torta popolnoma ohladi.
b) Ko se torta ohladi, jo v veliki skledi nadrobimo v drobne drobtine.
c) Postopoma vmešajte glazuro iz maslene smetane, dokler se tortne drobtine ne sprimejo in oblikujejo testo podobno konsistenco.
d) Vzemite majhne porcije zmesi in jih razvaljajte v kroglice v velikosti grižljaja.
e) Stopite CandiQuik Candy Coating v skladu z navodili na embalaži.
f) Vsako tortno kroglico z vilicami ali zobotrebcem pomočite v raztopljen CandiQuik, da jo popolnoma prekrijete.
g) Preden se premaz strdi, vsako premazano tortno kroglico potresemo z mavričnim posipom.
h) Na vrh vsake tortne kroglice položite zlat čokoladni kovanec, ki bo predstavljal lonec z zlatom.
i) Pustite, da se kolački strdijo na pergamentnem papirju, dokler se premaz ne strdi.
j) Ko je premaz popolnoma strjen, so vaši CandiQuik Pot O' Gold Rainbow Cake Bites pripravljeni za postrežbo!

43. CandiQuik grižljaji želodove torte

SESTAVINE:
- Tortni grižljaji (pripravljeni po vašem najljubšem receptu za torto ali kupljeni v trgovini)
- 1 paket (16 unč) CandiQuik Candy Coating
- Čokoladni čips ali Hershey's Kisses
- Prestne palčke

NAVODILA:
a) Stopite CandiQuik Candy Coating v skladu z navodili na embalaži.
b) Vsak grižljaj torte pomočite v stopljeni CandiQuik, da ga premažete.
c) Na pokrov želoda položite košček čokolade ali Hershey's Kiss.
d) V tortni ugriz vstavite majhen kos palčke preste kot steblo želoda.
e) Pustite, da se premaz strdi, preden ga postrežete.

44. CandiQuik grižljaji bučne torte

SESTAVINE:
ZA BUČNE KOLAČE GRIŽLJAJE:
- 1 škatla mešanice za začimbe in sestavine, navedene na škatli
- 1 skodelica konzerviranega bučnega pireja
- 1 čajna žlička začimbe za bučno pito
- ½ skodelice CandiQuik (prevleka za sladkarije z okusom vanilije), stopljenega

ZA PREMAZ:
- 1 paket CandiQuik (bonbonski obliv z okusom vanilije)

ZA OKRAS (OPCIJSKO):
- Zdrobljeni graham krekerji
- Cimetov sladkor
- Sesekljani oreščki (npr. pekani ali orehi)

NAVODILA:
ZA BUČNE KOLAČE GRIŽLJAJE:
a) Predgrejte pečico v skladu z navodili za mešanico začimb. Namastite in pomokajte pekač velikosti 9x13 palcev.
b) Mešanico za začimbe pripravite po navodilih na embalaži.
c) Masi za torto dodajte bučni pire iz pločevinke in začimbo za bučno pito. Mešajte, dokler se dobro ne poveže.
d) Maso vlijemo v pripravljen pekač in pečemo po navodilih na embalaži. Pustite, da se torta popolnoma ohladi.
e) Ko se torta ohladi, jo v veliki skledi za mešanje nadrobite v drobne drobtine.

ZA MONTAŽO:
f) Z rokami ali žlico mešajte zdrobljeno torto, dokler ne nastane testu podobna konsistenca.
g) Zmes razvaljajte v majhne tortne kroglice s premerom približno 1 do 1,5 palca in jih položite na pekač, obložen s pergamentom.
h) Pladenj za približno 30 minut postavimo v hladilnik, da se tortne kroglice strdijo.

ZA PREMAZ:
i) Stopite CandiQuik v skladu z navodili na embalaži. To običajno vključuje segrevanje v mikrovalovni pečici v 30-sekundnih intervalih, dokler se popolnoma ne stopi.

j) Vsako tortno kroglico z vilicami ali zobotrebcem pomočite v raztopljen CandiQuik, da zagotovite enakomerno prevleko.
k) Obložene tortne kroglice položite nazaj na pekač, obložen s pergamentom.

ZA OKRAS (OPCIJSKO):
l) Medtem ko je obloga CandiQuik še mokra, po vrhu vsake tortne kroglice potresite zdrobljene graham krekerje, cimetov sladkor ali sesekljane oreščke za dodaten okus in okras.
m) Pred serviranjem pustite, da se premaz CandiQuik popolnoma strdi.

45. Grižljaji srčne torte

SESTAVINE:
- 1 škatla rdeče žametne mešanice za torte
- 1 skodelica glazure iz kremnega sira
- CandiQuik čokoladni obliv

NAVODILA:
a) Rdečo žametno torto pripravite po navodilih na embalaži.
b) Pustite, da se torta ohladi, nato jo razdrobite in vmešajte v glazuro iz kremnega sira.
c) Zmes razvaljajte v majhne tortne koščke v obliki srca.
d) Stopite čokoladni obliv CandiQuik in namočite vsak grižljaj torte v premaz.
e) Položimo jih na obložen pekač in pustimo, da se čokoladni obliv strdi.

46. Grižljaji čičerikinega piškotnega testa

SESTAVINE:
- 1 pločevinka (15 unč) čičerike, odcejene in oprane
- ½ skodelice ovsenih kosmičev brez glutena
- ¼ skodelice mandljevega masla
- ¼ skodelice medu
- 1 čajna žlička vanilijevega ekstrakta
- Ščepec soli
- 1 paket (16 unč) CandiQuik Candy Coating

NAVODILA:
a) V kuhinjskem robotu zmešajte čičeriko, oves, mandljevo maslo, med, ekstrakt vanilije in sol, dokler ne dobite konsistence, podobne testu.
b) Testo oblikujte v kroglice velikosti grižljaja in jih položite na pekač, obložen s pergamentom.
c) Stopite CandiQuik Candy Coating v skladu z navodili na embalaži.
d) Vsak grižljaj piškotnega testa pomočite v stopljeni CandiQuik, da ga premažete.
e) Pustite, da se premaz strdi, preden ga postrežete.

47. CandiQuik tortne kroglice za snežake

SESTAVINE:
- Tortne kroglice (pripravljene po vašem najljubšem receptu za torte ali kupljene v trgovini)
- 1 paket (16 unč) CandiQuik Candy Coating
- Miniaturni koščki čokolade ali sladkarije
- Oranžni bonboni se stopijo (ali pomarančna glazura) za korenčkove noske
- Okrasna glazura za šale in gumbe

NAVODILA:
a) Vsako tortno kroglico pomočite v stopljeni premaz CandiQuik.
b) Na stopljeni premaz za oči položite dva miniaturna koščka čokolade ali očesa iz sladkarij.
c) Uporabite majhen kos pomarančne sladkarije ali glazure, da ustvarite korenčkov nos.
d) Okrasite z glazuro, da naredite šale in gumbe, ki dajejo videz talečih se snežakov.
e) Pustite, da se premaz strdi, preden ga postrežete.

48. CandiQuik Cadbury

SESTAVINE:
ZA NADEV:
- ½ skodelice nesoljenega masla, zmehčanega
- 2 ½ skodelice sladkorja v prahu
- 1 čajna žlička vanilijevega ekstrakta
- Rumena jedilna barva (neobvezno)

ZA ČOKOLADNI PRELIV:
- 1 paket CandiQuik (bonbonski obliv z okusom vanilije)
- 1 žlica rastlinskega olja

NAVODILA:
ZA NADEV:
a) V posodi za mešanje kremasto stepemo zmehčano maslo.
b) Maslu postopoma dodajamo sladkor v prahu in po vsakem dodajanju dobro premešamo.
c) Dodajte vanilijev ekstrakt in nadaljujte z mešanjem, dokler ne nastane gladko in voljno testo.
d) Po želji dodajte nekaj kapljic rumene jedilne barve, da dosežete klasično Cadbury jajčno barvo. Mešajte, dokler se barva enakomerno ne porazdeli.
e) Testo razdelite na majhne dele in vsak del oblikujte v jajčasto obliko. Oblikovana jajca položimo na pekač, obložen s pergamentom.
f) Pladenj postavimo v hladilnik, da se ohladi, medtem pa pripravljamo čokoladni obliv.

ZA ČOKOLADNI PRELIV:
g) CandiQuik razlomite na koščke in ga položite v toplotno odporno skledo. V CandiQuik dodajte rastlinsko olje.
h) Stopite CandiQuik v skladu z navodili na embalaži. To običajno vključuje segrevanje v mikrovalovni pečici v 30-sekundnih intervalih, dokler se popolnoma ne stopi.
i) Oblikovan nadev vzamemo iz hladilnika.
j) Z vilicami ali pripomočkom za namakanje sladkarij vsak nadev pomočite v stopljeni CandiQuik, tako da je v celoti prevlečen.
k) Pustite, da morebitni odvečni premaz CandiQuik odteče, nato pa premazana jajca položite nazaj na pergamentni papir.
l) Ko so vsa jajčka oblita, pladenj postavimo v hladilnik, da se čokoladni obliv povsem strdi.
m) Ko so pripravljena, so vaša domača jajca Cadbury pripravljena za uživanje!

POKRIVENO SADJE

49. CandiQuik borovnice v vaniliji

SESTAVINE:
- Sveže borovnice, oprane in posušene
- 1 paket CandiQuik (bonbonski obliv z okusom vanilije)
- Neobvezno: beli posipi, nastrgan kokos ali sesekljani oreščki za okras

NAVODILA:
a) Pekač obložite s peki papirjem.
b) CandiQuik razlomite na koščke in ga položite v toplotno odporno skledo. Stopite CandiQuik v skladu z navodili na embalaži. To običajno vključuje segrevanje v mikrovalovni pečici v 30-sekundnih intervalih, dokler se popolnoma ne stopi.
c) Ko je CandiQuik stopljen, z zobotrebcem ali nabodalom pomočite vsako borovnico v stopljeno prevleko, da zagotovite enakomeren in gladek premaz.
d) Pustite, da morebitni odvečni premaz odteče, nato pa premazane borovnice položite na s peki papirjem obložen pekač.
e) Izbirno: Če želite dodati okrasni pridih, potresite bele posipe, nastrgan kokos ali sesekljane oreščke po mokri prevleki CandiQuik na vsako borovnico.
f) Pustite, da se premaz CandiQuik popolnoma strdi in strdi.
g) Ko so vanilijeve borovnice popolnoma strjene, jih lahko preložite v servirno posodo ali shranite v nepredušni posodi.

50. CandiQuik jagode oblite s čokolado

SESTAVINE:
- Sveže jagode, oprane in posušene
- 1 paket CandiQuik (bonbonski obliv z okusom vanilije)
- Neobvezno: koščki bele čokolade, koščki temne čokolade ali drugi prelivi za okras

NAVODILA:
a) Pekač obložite s peki papirjem.
b) CandiQuik razlomite na koščke in ga položite v toplotno odporno skledo. Stopite CandiQuik v skladu z navodili na embalaži. To običajno vključuje segrevanje v mikrovalovni pečici v 30-sekundnih intervalih, dokler se popolnoma ne stopi.
c) Vsako jagodo primite za pecelj ali uporabite zobotrebce, da pomočite jagode v stopljeni CandiQuik, tako da jih premažete približno dve tretjini.
d) Pustite, da morebitni odvečni premaz CandiQuik odteče, nato s čokolado oblite jagode položite na pekač, obložen s peki papirjem.
e) Izbirno: medtem ko je preliv CandiQuik še moker, lahko s čokolado oblite jagode za dodatno dekoracijo pokapate s stopljeno belo čokolado, temno čokolado ali drugimi prelivi.
f) Pustite, da se premaz CandiQuik popolnoma strdi.
g) Ko so jagode strjene, so pripravljene za uživanje!

51. Rdeče, bele in modre jagode

SESTAVINE:
- Sveže jagode, oprane in posušene
- 1 paket CandiQuik (bonbonski obliv z okusom vanilije)
- Modra sladkarija se topi
- Beli bonbon se stopi
- Izbirno: rdeči, beli in modri posipi ali užitne bleščice za okras

NAVODILA:
a) Pekač obložite s peki papirjem.
b) CandiQuik razlomite na koščke in ga položite v toplotno odporno skledo. Stopite CandiQuik v skladu z navodili na embalaži. To običajno vključuje segrevanje v mikrovalovni pečici v 30-sekundnih intervalih, dokler se popolnoma ne stopi.
c) Jagode razdelite v tri skupine.
d) Eno skupino jagod potopite v stopljeni CandiQuik, dokler niso popolnoma prekrite. Položite jih na s peki papirjem obložen pekač.
e) Drugo skupino jagod potopite v stopljene modre sladkarije, dokler niso popolnoma prekrite. Položimo jih poleg belo obloženih jagod na pekač.
f) Preostalo skupino jagod potopite v stopljene bele sladkarije, dokler niso popolnoma prekrite. Na pekač jih položimo poleg modro obloženih jagod.
g) Izbirno: medtem ko je prevleka za sladkarije še mokra, potresite rdeče, bele in modre posipe ali užitne bleščice po vrhu vsake obložene jagode za praznični pridih.
h) Pustite, da se prevleka sladkarij strdi in popolnoma strdi.
i) Ko so vaše rdeče, bele in modre jagode nastavljene, so pripravljene za uživanje!

52. Pokriti bananini grižljaji

SESTAVINE:
- Banane, olupljene in narezane na grižljaje
- 1 paket CandiQuik vanilijevega premaza
- Sesekljani oreščki ali nastrgan kokos (po želji za oblaganje)

NAVODILA:
a) Stopite CandiQuik vanilijev premaz po navodilih na embalaži.
b) Vsak grižljaj banane pomočite v stopljeno vanilijevo oblogo, tako da jo popolnoma prekrijete.
c) Obložene bananine grižljaje položite na pekač, obložen s pergamentnim papirjem.
d) Po želji obložene bananine grižljaje povaljajte v sesekljanih oreščkih ali nastrganem kokosu.
e) Pustite, da se premaz strdi na sobni temperaturi ali v hladilniku.
f) Ko je pripravljen, postrezite in uživajte v teh slastnih bananinih grižljajih s CandiQuikom.

53.CandiQuik pokrite jabolčne rezine

SESTAVINE:
- Jabolka, narezana na kolesca
- 1 paket CandiQuik čokoladnega obliva
- Zdrobljeni oreščki ali posip (neobvezno za preliv)

NAVODILA:
a) Stopite čokoladni obliv CandiQuik po navodilih na embalaži.
b) Vsako rezino jabolka pomočite v stopljeno čokolado in se prepričajte, da je v celoti prevlečena.
c) Pomočene jabolčne rezine položite na pekač, obložen s pergamentnim papirjem.
d) Po želji po čokoladnem oblivu potresemo zdrobljene oreščke ali pisane posipe.
e) Pustite, da se čokolada strdi na sobni temperaturi ali v hladilniku.
f) Ko je pripravljen, postrezite in uživajte v teh okusnih jabolčnih rezinah, obloženih s CandiQuikom.

54. Jagode Cinco de Mayo

SESTAVINE:
- Sveže jagode, oprane in posušene
- 1 paket CandiQuik (bonbonski obliv z okusom vanilije)
- Zeleno obarvan sladkor ali zeleni posip
- Bel ali zlato obarvan sladkor ali posip
- Neobvezno: limetina lupina za okras

NAVODILA:
a) Pekač obložite s peki papirjem.
b) CandiQuik razlomite na koščke in ga položite v toplotno odporno skledo. Stopite CandiQuik v skladu z navodili na embalaži. To običajno vključuje segrevanje v mikrovalovni pečici v 30-sekundnih intervalih, dokler se popolnoma ne stopi.
c) Vsako jagodo primite za pecelj ali uporabite zobotrebce, da pomočite jagode v stopljeni CandiQuik, tako da jih premažete približno dve tretjini.
d) Pustite, da morebitni odvečni premaz CandiQuik odteče, nato pa obložene jagode položite na pekač, obložen s peki papirjem.
e) Dokler je obloga CandiQuik še mokra, tretjino obloženih jagod potresemo z zeleno obarvanim sladkorjem ali zelenim posipom. To predstavlja zeleno barvo mehiške zastave.
f) Potresemo z belim ali zlato obarvanim sladkorjem ali potresemo drugo tretjino obloženih jagod. To predstavlja belo barvo mehiške zastave.
g) Preostalo tretjino obloženih jagod pustimo brez dodatnega posipa za rdečo barvo mehiške zastave.
h) Neobvezno: jagode potresemo z lupino limete za izbruh okusa citrusov in dodaten okras.
i) Pustite, da se premaz CandiQuik popolnoma strdi.
j) Ko so jagode Cinco de Mayo strjene, so pripravljene za uživanje!

55. Jagodne Božičkove kape

SESTAVINE:
- CandiQuik (obliv iz bele čokolade)
- Sveže jagode
- Miniaturni marshmallows

NAVODILA:
a) Stopite belo čokolado CandiQuik po navodilih na embalaži.
b) Koničasti del jagode pomočite v stopljeni CandiQuik.
c) Na prevlečeno jagodo položite miniaturni marshmallow, da oblikujete pompon Božičkove kape.
d) Pustite, da se CandiQuik strdi, preden ga postrežete.

TORTE, KROFI IN PITE

56. CandiQuik limonino borovničev Cheesecake

SESTAVINE:
ZA SKORICO:
- 1 ½ skodelice drobtin graham krekerja
- ¼ skodelice stopljenega masla
- ¼ skodelice granuliranega sladkorja

ZA NADEV CHEESECAKE:
- 3 paketi (po 8 unč) kremnega sira, zmehčanega
- 1 skodelica granuliranega sladkorja
- 3 velika jajca
- 1 čajna žlička vanilijevega ekstrakta
- Lupina 1 limone
- ¼ skodelice svežega limoninega soka
- 1 skodelica svežih borovnic

ZA CANDIQUIK LIMONINO GLAZURO:
- 1 paket CandiQuik (bonbonski obliv z okusom vanilije)
- Lupina 1 limone
- 2 žlici svežega limoninega soka

NAVODILA:
ZA SKORICO:
a) Pečico segrejte na 325 °F (163 °C). Namastite 9-palčni vzmetni pekač.
b) V skledi zmešajte drobtine graham krekerja, stopljeno maslo in granulirani sladkor. Zmes vtisnite na dno pripravljenega pekača, da nastane skorjica.
c) Skorjo pečemo v ogreti pečici približno 10 minut. Odstranite iz pečice in pustite, da se ohladi, medtem pa pripravite nadev.

ZA NADEV CHEESECAKE:
d) V veliki skledi za mešanje stepite kremni sir in granulirani sladkor do gladkega.
e) Dodajte jajca, enega za drugim, po vsakem dodajanju dobro stepite.
f) Vmešajte vanilijev ekstrakt, limonino lupinico in svež limonin sok, dokler se dobro ne premeša.
g) Nežno vmešajte sveže borovnice.
h) Ohlajeno skorjo prelijemo s sirovim nadevom.

i) Pečemo v predhodno ogreti pečici približno 50-60 minut oziroma dokler se sredina ne strdi.
j) Cheesecake vzamemo iz pečice in pustimo, da se ohladi na sobno temperaturo. Hladite vsaj 4 ure ali čez noč.

ZA CANDIQUIK LIMONINO GLAZURO:
k) CandiQuik razlomite na koščke in ga položite v toplotno odporno skledo. Stopite CandiQuik v skladu z navodili na embalaži.
l) V stopljeni CandiQuik vmešajte limonino lupinico in svež limonin sok, dokler se dobro ne premešata.
m) Ohlajen cheesecake prelijemo z limonino glazuro CandiQuik, ki jo enakomerno razporedimo.
n) Cheesecake vrnemo v hladilnik, da se glazura strdi.
o) Ko je glazura strjena, vzemite cheesecake iz pekača, narežite in postrezite.

57. CandiQuik Bučni Cheesecake

SESTAVINE:
- Pumpkin cheesecake palice ali kvadratki (pripravljeni po vašem najljubšem receptu ali kupljeni v trgovini)
- 1 paket (16 unč) CandiQuik Candy Coating
- Zdrobljeni graham krekerji za oblaganje (neobvezno)

NAVODILA:
a) Bučni sirov kolač narežemo na kvadratke velikosti grižljaja.
b) Stopite CandiQuik Candy Coating v skladu z navodili na embalaži.
c) Vsak kvadrat sirove torte pomočite v stopljeni CandiQuik, da ga premažete.
d) Po želji obložen kvadrat povaljajte v zdrobljenih graham krekerjih za dodaten okus in teksturo.
e) Pustite, da se premaz strdi, preden ga postrežete.

58.CandiQuik Shark Fin

SESTAVINE:
ZA PLAVUTKI MORSKEGA PSA:
- 1 paket CandiQuik (bonbonski obliv z okusom vanilije)
- Modra jedilna barva
- Beli fondant ali beli bonboni se stopijo (za plavuti morskega psa)

ZA KOLAČKE (NEOBVEZNO):
- Vaš najljubši recept za kolačke ali kolačke, kupljene v trgovini
- Modra glazura

NAVODILA:
ZA PLAVUTKI MORSKEGA PSA:
a) CandiQuik razlomite na koščke in ga položite v toplotno odporno skledo. Stopite CandiQuik v skladu z navodili na embalaži. To običajno vključuje segrevanje v mikrovalovni pečici v 30-sekundnih intervalih, dokler se popolnoma ne stopi.
b) Stopljenemu CandiQuiku dodajte nekaj kapljic modre jedilne barve in mešajte, dokler ne dobite želenega odtenka modre za ocean.
c) Razvaljajte beli fondant ali stopite bele bonbone v skladu z navodili na embalaži.
d) Z modelčkom za piškote v obliki plavuti morskega psa ali šablono izrežite plavuti morskega psa iz belega fondanta ali belih topljenih sladkarij.
e) Vsako plavut morskega psa pomočite v modri premaz CandiQuik, da zagotovite enakomeren in gladek premaz.
f) Obložene plavuti morskega psa položite na pekač, obložen s pergamentom, in pustite, da se popolnoma strdijo.

ZA KOLAČKE (OPCIJSKO):
g) Specite kolačke po svojem najljubšem receptu ali uporabite piškote, kupljene v trgovini.
h) Ko se kolački ohladijo, jih premažite z modro glazuro, ki predstavlja ocean.

SESTAVLJANJE:
i) Ko so plavuti morskega psa popolnoma strjene, jih nežno vstavite v vrh vsakega kolačka in ustvarite plavut morskega psa, ki izhaja iz "oceana".
j) Če želite, lahko dodate dodatne okraske, kot so posipi v obliki rib ali modri posipi, da poudarite podvodno temo.
k) Kolačke razporedite po servirnem krožniku in uživajte v čudovitih kolačkih iz plavuti morskega psa!

59. CandiQuik limonino mandljevi krofi

SESTAVINE:
ZA KROFE:
- 2 skodelici večnamenske moke
- 1 skodelica granuliranega sladkorja
- 1 ½ žličke pecilnega praška
- ½ čajne žličke sode bikarbone
- ¼ čajne žličke soli
- ½ skodelice nesoljenega masla, stopljenega
- 2 veliki jajci
- 1 skodelica pinjenca
- 1 čajna žlička vanilijevega ekstrakta
- Lupina 2 limon
- ½ skodelice sesekljanih mandljev (za preliv)

ZA CANDIQUIK GLAZURO IZ LIMONE IN MANDLJEV:
- 1 paket CandiQuik (bonbonski obliv z okusom vanilije)
- Sok 2 limon
- 1 skodelica sladkorja v prahu
- ¼ skodelice sesekljanih mandljev (za preliv)

NAVODILA:
ZA KROFE:
a) Pečico segrejte na 350 °F (175 °C). Namastite pekač za krofe.
b) V veliki skledi za mešanje zmešajte moko, sladkor, pecilni prašek, sodo bikarbono in sol.
c) V ločeni skledi zmešajte stopljeno maslo, jajca, pinjenec, ekstrakt vanilije in limonino lupinico.
d) Dodajte mokre sestavine k suhim sestavinam in mešajte, dokler se le ne združijo. Ne premešajte.
e) Maso z žlico vlijemo v pripravljen pekač za krofe, pri čemer vsak model napolnimo približno do ⅔.
f) Pečemo v ogreti pečici 12-15 minut oziroma dokler zobotrebec, ki ga zapičimo v krof, ne izstopi čist.
g) Pustite, da se krofi nekaj minut ohlajajo v pekaču, preden jih prestavite na rešetko, da se popolnoma ohladijo.

ZA CANDIQUIK GLAZURO IZ LIMONE IN MANDLJEV:

h) Stopite CandiQuik v skladu z navodili na embalaži. To običajno vključuje segrevanje v mikrovalovni pečici v 30-sekundnih intervalih, dokler se popolnoma ne stopi.
i) V skledi zmešajte stopljeni CandiQuik z limoninim sokom in sladkorjem v prahu. Mešajte, dokler ni gladka in dobro združena.
j) Vsak ohlajen krof pomočite v CandiQuik limonino mandljevo glazuro, da zagotovite enakomeren premaz.
k) Po vrhu glaziranih krofov potresemo sesekljane mandlje za dodaten okus in teksturo.
l) Pred serviranjem pustite, da se glazura strdi.

60. CandiQuik sladoledna pita

SESTAVINE:
ZA SKORICO:
- 2 skodelici drobtin graham krekerja
- ½ skodelice nesoljenega masla, stopljenega
- ¼ skodelice granuliranega sladkorja

ZA NADEV:
- 1 paket CandiQuik (bonbonski obliv z okusom vanilije)
- 1 liter (približno 4 skodelice) vaših najljubših okusov sladoleda

ZA PRELIVE (OPCIJSKO):
- Stepena smetana
- Čokoladna omaka
- Sesekljani orehi
- Posipi
- Maraskino češnje

NAVODILA:

ZA SKORICO:

a) V skledi zmešajte drobtine graham krekerja, stopljeno maslo in granulirani sladkor. Mešajte, dokler drobtine niso enakomerno prekrite.
b) Mešanico potisnite na dno in navzgor ob straneh pekača za pito, da nastane skorja.
c) Skorjo postavite v hladilnik, da se ohladi, medtem ko pripravljate nadev.

ZA NADEV:

d) Stopite CandiQuik v skladu z navodili na embalaži. To običajno vključuje segrevanje v mikrovalovni pečici v 30-sekundnih intervalih, dokler se popolnoma ne stopi.
e) Pustite, da se stopljeni CandiQuik nekoliko ohladi.
f) Z žlico nanesite zmehčan sladoled v skorjo graham krekerja in ga enakomerno porazdelite.
g) Stopljeni CandiQuik prelijte po sladoledu, da ustvarite gladko in sijočo prevleko.
h) Pito postavite v zamrzovalnik in pustite vzhajati vsaj 2-3 ure oziroma dokler se CandiQuik ne strdi.

ZA PRELIVE (OPCIJSKO):

i) Pred serviranjem dodajte svoje najljubše prelive, kot so stepena smetana, čokoladna omaka, sesekljani oreščki, posipi in češnje maraskino.
j) CandiQuik Ice Cream Pie narežite in postrezite hladno.

61. Tortni krofi s čokolado in popečenim kokosom

SESTAVINE:
- 2 skodelici večnamenske moke
- ¾ skodelice sladkorja
- 2 žlički pecilnega praška
- ½ čajne žličke soli
- ¾ skodelice pinjenca
- 1 čajna žlička vanilijevega ekstrakta
- 1 čajna žlička paste iz vanilijevega stroka (ali semen iz enega vanilijevega stroka)
- 2 jajci
- 2 žlici masla, stopljeno
- 8 unč čokoladnega premaza CandiQuik
- ½ skodelice popečenega kokosa

NAVODILA:
a) Pečico segrejte na 350°F. Pekač za krofe poškropite s pršilom za kuhanje proti prijemanju.
b) V veliki skledi zmešajte moko, sladkor, pecilni prašek in sol.
c) Dodajte pinjenec, jajca, vanilijo in maslo ter stepajte, dokler se le ne združi.
d) Maso z žlico vstavite v cevno vrečko (ali plastično vrečko z odrezanim enim kotom); napolnite v pekač za krofe, tako da vsako vdolbino za krofe napolnite približno ¾.
e) Pečemo 10-12 minut oziroma dokler se zgornji del ne odbije nazaj, če se ga dotaknemo. Naj se ohladi.
f) Stopite čokolado CandiQuik v pladnju Melt and Make Microwaveable v skladu z navodili na embalaži.
g) Krofe po vrhu pomočimo v čokoladni obliv in potresemo s popečenim kokosom. Postrezite takoj.

POPS

62. Bananini kosmiči

SESTAVINE:
- 1 (16 unč) paket prevleke Vanilla CandiQuik
- 4-5 skodelic jagodnih koruznih kosmičev, zdrobljenih
- 6 banan
- Palčke/nabodala za sladoled

NAVODILA:
a) Banane olupite in narežite na 4-5 palčne kose.
b) Vsak kos banane pritisnite na palčko za sladoled in jo postavite v zamrzovalnik za 15-20 minut.
c) Stopite Vanilla CandiQuik v Melt and Make Microwaveable Tray v skladu z navodili na embalaži.
d) Držite bananin pop, ga potopite neposredno v pladenj Vanilla CandiQuik in z žlico popolnoma pokrijte banano.
e) Bananin pop takoj povaljajte v zdrobljenih kosmičih. Postavite na voščen papir.

63. CandiQuik Truffula Tree Cake Pops

SESTAVINE:
ZA CAKE POPS:
- 1 škatla vaše najljubše mešanice za torto (plus sestavine, navedene na škatli, npr. jajca, olje, voda)
- ½ skodelice glazure iz maslene smetane (kupljene ali doma narejene)
- Lollipop palčke

ZA PREMAZ:
- 1 paket CandiQuik (bonbonski obliv z okusom vanilije)
- Različne živahne jedilne barve (za drevesne barve tartufe)
- Jedilni obarvani sladkorji ali posipi (za krošnje dreves)

NAVODILA:
ZA CAKE POPS:
a) Predgrejte pečico v skladu z navodili za mešanico torte. Pekač namastimo in pomokamo.
b) Pripravite zmes za torto po navodilih na embalaži.
c) Torto spečemo po navodilih in pustimo, da se popolnoma ohladi.
d) Ko se torta ohladi, jo v veliki skledi za mešanje nadrobite v drobne drobtine.
e) Dodajte glazuro iz maslene smetane tortnim drobtinam in mešajte, dokler se dobro ne poveže. Zmes mora imeti konsistenco, podobno testu.
f) Zmes oblikujte v majhne kroglice v velikosti torte in jih položite na pekač, obložen s pergamentom.
g) V vsako tortno kroglico vstavite palčke lizike, da ustvarite cake popse.

ZA PREMAZ:
h) CandiQuik razlomite na koščke in ga položite v toplotno odporno skledo. Stopite CandiQuik v skladu z navodili na embalaži. To običajno vključuje segrevanje v mikrovalovni pečici v 30-sekundnih intervalih, dokler se popolnoma ne stopi.
i) Stopljeni CandiQuik razdelite v manjše sklede in v vsako skledo dodajte različne živahne jedilne barve, ki predstavljajo različne barve dreves trufule.

j) Vsak cake pop pomočite v barvni CandiQuik, da zagotovite enakomeren premaz.
k) Preden se premaz strdi, potresite jedilni barvni sladkor ali posip na vrh vsakega kolačka, da bo podoben čopastemu vrhu drevesa tartufe.
l) Pred serviranjem pustite, da se premaz CandiQuik popolnoma strdi.

64. CandiQuik Puranji riž Krispie Pops

SESTAVINE:
ZA RIŽEV KRISPI:
- 6 skodelic Rice Krispies kosmičev
- 4 skodelice mini marshmallowa
- 3 žlice nesoljenega masla
- Oranžna in rumena jedilna barva (gel ali tekočina)

ZA OKRASITEV:
- 1 paket CandiQuik (bonbonski obliv z okusom vanilije)
- Sladkorne oči
- Sladkorna koruza
- Vezalke iz rdečega sadnega usnja ali sladkega korena (za pletenico)

NAVODILA:
ZA RIŽEV KRISPI:
a) V večji kozici na šibkem ognju stopite maslo.
b) Dodajte mini marshmallow v stopljeno maslo in mešajte, dokler se popolnoma ne stopi in postane gladka.
c) Odstavite ponev z ognja in dodajte nekaj kapljic oranžne in rumene jedilne barve, da dobite barvo puranjega perja. Mešajte, dokler se dobro ne poveže.
d) Na hitro vmešajte kosmiče Rice Krispies, dokler niso enakomerno prekriti z mešanico marshmallowa.
e) Obarvano mešanico Rice Krispie stisnite v pomaščen pekač velikosti 9x13 palcev. Pustite, da se ohladi in strdi.
f) Ko so dobrote Rice Krispie popolnoma ohlajene, uporabite modelček za piškote v obliki purana ali pa z nožem izrežite oblike purana.

ZA OKRASITEV:
g) Stopite CandiQuik v skladu z navodili na embalaži. To običajno vključuje segrevanje v mikrovalovni pečici v 30-sekundnih intervalih, dokler se popolnoma ne stopi.
h) Zgornji del vsakega riževega priboljška v obliki purana pomočite v stopljeni CandiQuik in pustite, da morebitni presežek odteče.
i) Na stopljeni del vsakega purana, prevlečen s CandiQuikom, položite sladkarije.

j) Na spodnji del purana pritrdite sladkarije, ki bodo predstavljale perje.
k) Odrežite majhne koščke rdečega sadnega usnja ali vezalke iz sladkega korena in jih pritrdite pod sladkarije kot puranje pletivo.
l) Pustite, da se premaz CandiQuik popolnoma strdi, preden ga postrežete.

65. CandiQuik S'more Pops

SESTAVINE:
- marshmallows
- Graham krekerji, zdrobljeni
- 1 paket CandiQuik (bonbonski obliv z okusom vanilije)
- Lollipop palčke
- Mini čokoladni čips ali čokoladni koščki
- Neobvezno: zdrobljeni oreščki ali posip za premaz

NAVODILA:
a) Pekač obložite s peki papirjem.
b) Vstavite palčke lizike v marshmallowe, pazite, da so dobro pritrjene, vendar ne prebadajo skozi.
c) CandiQuik razlomite na koščke in ga položite v toplotno odporno skledo. Stopite CandiQuik v skladu z navodili na embalaži. To običajno vključuje segrevanje v mikrovalovni pečici v 30-sekundnih intervalih, dokler se popolnoma ne stopi.
d) Vsak marshmallow potopite v stopljeni CandiQuik in zagotovite, da je enakomerno prevlečen.
e) Pustite, da morebitni odvečni premaz odteče, nato pa obložen marshmallow povaljajte v zdrobljenih graham krekerjih. Graham krekerje pritisnite na marshmallow, da se primejo.
f) Premazan marshmallow položite na pripravljen pekač.
g) Preden se obliv CandiQuik strdi, v obliv vtisnite majhne čokoladne koščke ali koščke čokolade, da predstavljajo čokoladno plast s'moreja.
h) Izbirno: po želji po mokri prevleki CandiQuik potresite zdrobljene oreščke ali pisane posipe za dodatno teksturo in okras.
i) Pustite, da se premaz CandiQuik popolnoma strdi.
j) Ko je nastavljen, so vaši CandiQuik S'more Pops pripravljeni za uživanje!

66. CandiQuik grozdni poper

SESTAVINE:
- Rdeče ali zeleno grozdje brez pečk
- 1 paket CandiQuik (bonbonski obliv z okusom vanilije)
- Lesena nabodala ali zobotrebci
- Izbirno: barvni posipi ali užitne bleščice za okras

NAVODILA:
a) Grozdje operemo in temeljito osušimo. Prepričajte se, da so popolnoma suhi, da se premaz CandiQuik bolje oprime.
b) Pekač obložite s peki papirjem.
c) CandiQuik razlomite na koščke in ga položite v toplotno odporno skledo. Stopite CandiQuik v skladu z navodili na embalaži. To običajno vključuje segrevanje v mikrovalovni pečici v 30-sekundnih intervalih, dokler se popolnoma ne stopi.
d) Vsako grozdno jagodo nabodite z lesenim nabodalom ali zobotrebcem, pri čemer pustite dovolj prostora, da se lahko oprimete na nabodalo.
e) Vsako grozdno jagodico potopite v stopljeni CandiQuik in se prepričajte, da je v celoti prekrita. Za enakomerno oblaganje grozdja lahko uporabite žlico.
f) Pustite, da morebitni odvečni premaz CandiQuik odteče, nato pa premazano grozdje položite na s peki papirjem obložen pekač.
g) Izbirno: medtem ko je premaz CandiQuik še moker, po vrhu potresite barvne posipe ali užitne bleščice za okras.
h) Postopek ponavljamo, dokler ne obložimo in okrasimo vseh grozdnih jagod.
i) Pred serviranjem pustite, da se premaz CandiQuik popolnoma strdi.
j) Grape Poppers postrezite na krožniku ali v okrasni posodici.

67. CandiQuik Magic Rainbow Krispie Pops

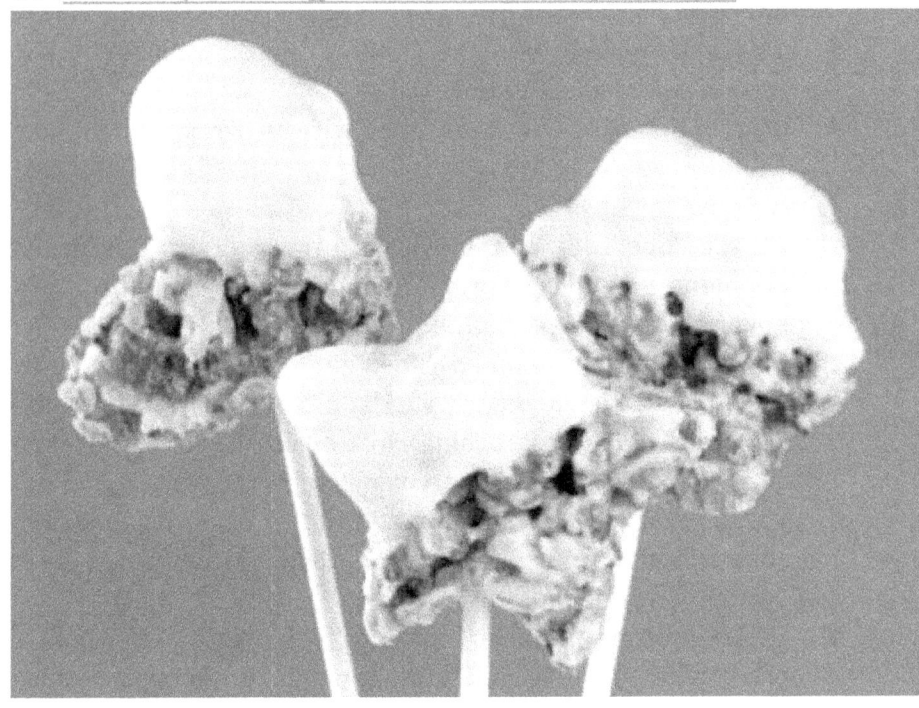

SESTAVINE:
- 6 skodelic hrustljavih riževih kosmičev
- ¼ skodelice nesoljenega masla
- 1 paket (10 unč) mini marshmallows
- 1 čajna žlička vanilijevega ekstrakta
- Mavrična barvila za živila (rdeča, oranžna, rumena, zelena, modra, vijolična)
- Lollipop palčke
- 1 paket CandiQuik (bonbonski obliv z okusom vanilije)
- Užitne bleščice ali pisani posipi (neobvezno)

NAVODILA:
ZA MAGIC RAINBOW KRISPIE POSLASTICO:
a) V veliki kozici na majhnem ognju stopite nesoljeno maslo.
b) Dodajte mini marshmallow v stopljeno maslo in mešajte, dokler se popolnoma ne stopi in postane gladka.
c) Odstavite ponev z ognja in vmešajte vanilijev ekstrakt.
d) Hrustljave riževe kosmiče razdelite v šest ločenih skledic.
e) V vsako skledo dodajte nekaj kapljic različnih barvnih barvil za živila, da ustvarite mavrični spekter (rdeča, oranžna, rumena, zelena, modra, vijolična). Mešajte, dokler se barva enakomerno ne porazdeli.
f) Dodajte stopljeno mešanico marshmallowa v vsako skledo, eno barvo naenkrat, in premešajte, da se žito v celoti prekrije z vsako barvo.
g) Zmesi različnih barv naložite v pomaščen pekač velikosti 9 x 13 palcev, pri čemer vsako plast trdno pritisnite.
h) Pustite, da se mavrične hrustljave dobrote ohladijo in popolnoma strdijo.
i) Ko je strjen, priboljške narežite na kvadrate ali uporabite mavrični model za piškote, da ustvarite mavrične oblike.

ZA MAGIC RAINBOW KRISPIE POPS:
j) V vsako mavrično hrustljavo poslastico vstavite palčke lizike, da ustvarite poke.
k) CandiQuik razlomite na koščke in ga položite v toplotno odporno skledo. Stopite CandiQuik v skladu z navodili na embalaži. To

običajno vključuje segrevanje v mikrovalovni pečici v 30-sekundnih intervalih, dokler se popolnoma ne stopi.
l) Vsak mavrični hrustljavi kos potopite v stopljeni CandiQuik, da zagotovite enakomeren premaz.
m) Izbirno: Medtem ko je premaz CandiQuik še moker, po vrhu potresite užitne bleščice ali pisane posipe za čarobni pridih.
n) Obložene mavrične hrustljave popečke položite na pekač, obložen s pergamentom.
o) Pred serviranjem pustite, da se premaz CandiQuik popolnoma strdi.

68.CandiQuik lizike s čokoladnimi piškoti

SESTAVINE:
- Testo za čokoladne piškote (domače ali kupljeno)
- 1 paket CandiQuik (bonbonski obliv z okusom vanilije)
- Palčke za lizike ali palčke za piškote

NAVODILA:
a) Predgrejte pečico v skladu z receptom za testo za čokoladne piškote ali navodili za pakiranje.
b) Pripravite testo za čokoladne piškote po receptu ali navodilih na embalaži.
c) Testo za piškote zajemajte ali razvaljajte v majhne, enako velike kroglice.
d) V vsako kroglico testa za piškote vstavite palčko lizike ali palčko za piškote in se prepričajte, da je varno nameščena.
e) Pečke iz piškotnega testa položite na pekač, obložen s pergamentom, in med vsakim pustite nekaj prostora.
f) Pecite pops iz testa za piškote po receptu za testo za piškote s čokoladnimi koščki ali navodilih za pakiranje. Pustite jih, da se popolnoma ohladijo.
g) CandiQuik razlomite na koščke in ga položite v toplotno odporno skledo. Stopite CandiQuik v skladu z navodili na embalaži. To običajno vključuje segrevanje v mikrovalovni pečici v 30-sekundnih intervalih, dokler se popolnoma ne stopi.
h) Vsak ohlajen piškotek pomočite v stopljeni CandiQuik in zagotovite, da je popolnoma obložen.
i) Pustite, da morebitni odvečni premaz CandiQuik odteče, nato pa obložene piškotke položite na pekač, obložen s pergamentom.
j) Pustite, da se premaz CandiQuik popolnoma strdi.
k) Ko so vaše lizike s čokoladnimi piškoti pripravljene, so pripravljene za uživanje!

69. CandiQuik Turčija Cookie Pops

SESTAVINE:
- Okrogli sladkorni piškoti
- 1 paket (16 unč) CandiQuik Candy Coating
- Sladkorne oči
- Sladkorna koruza
- Čipka rdečega sladkega korena za pletenico

NAVODILA:
a) Stopite CandiQuik Candy Coating v skladu z navodili na embalaži.
b) Vsak sladkorni piškot pomočite v stopljeni CandiQuik, da ga premažete.
c) Na obložen piškot položite dve sladkasti očesi.
d) Pod oči pritrdite sladkarije, da ustvarite puranji kljun.
e) Dodajte majhen kos čipke rdečega sladkega korena za pletenico.
f) Pustite, da se premaz strdi, preden ga postrežete.

70. CandiQuik Peppermint Cookie lizike

SESTAVINE:
- Piškoti z okusom poprove mete
- 1 paket (16 unč) CandiQuik Candy Coating
- Zdrobljeni bonboni poprove mete ali sladkarije za dekoracijo
- Lollipop palčke

NAVODILA:
a) Pripravite si piškote z okusom poprove mete. Če jih izdelujete iz nič, se prepričajte, da so popolnoma ohlajene, preden nadaljujete.
b) Stopite CandiQuik Candy Coating v skladu z navodili na embalaži. Za taljenje lahko uporabite posodo, primerno za mikrovalovno pečico, ali dvojni kotel.
c) V sredino vsakega piškota poprove mete vstavite palčke lizike in se prepričajte, da so dobro pritrjene.
d) Vsak piškot pomočite v stopljeni CandiQuik, tako da je prevlečen celoten piškot.
e) Pustite, da odvečna obloga odteče, nato pa piškote položite na pekač, obložen s pergamentom.
f) Medtem ko je prevleka še mokra, po vrhu potresite zdrobljene bonbone poprove mete ali koščke sladkarije za praznični pridih.
g) Pustite, da se premaz CandiQuik popolnoma strdi. Postopek lahko pospešite tako, da pladenj postavite v hladilnik.
h) Ko so strjene, so te lizike Peppermint Cookie pripravljene za postrežbo.
i) Razporedite jih v vazo ali okrasno posodo za praznično razstavo.
j) Postrezite in uživajte v teh čudovitih lizikah CandiQuik Peppermint Cookie v praznični sezoni ali ob kateri koli posebni priložnosti!

71. CandiQuik Mummy Cookie Pops

SESTAVINE:
- Sladkorni piškoti (pripravljeni po vašem najljubšem receptu ali kupljeni v trgovini)
- 1 paket (16 unč) CandiQuik Candy Coating
- Sladkorne oči

NAVODILA:
a) Stopite CandiQuik Candy Coating v skladu z navodili na embalaži.
b) Vsak piškot pomočite v stopljeni CandiQuik, da ga premažete.
c) Pustite, da odvečni premaz odteče, nato pa obložene piškote položite na pekač, obložen s pergamentom.
d) Uporabite še stopljeni CandiQuik, da čez vsak piškot ustvarite povoje z mumijo.
e) Na premazani del položite sladkarije.
f) Pustite, da se premaz strdi, preden ga postrežete.

72. Srčne lizike

SESTAVINE:
- CandiQuik vaniljev premaz
- Lollipop palčke
- Barva za hrano (neobvezno)

NAVODILA:
a) Stopite CandiQuik vanilijev premaz v skladu z navodili na embalaži.
b) Po želji dodajte jedilno barvo, da dosežete želeno barvo.
c) Stopljen premaz vlijemo v modelčke v obliki srca.
d) V vsak kalup položite palčko lizike in se prepričajte, da je popolnoma prekrita s premazom.
e) Pustite, da se lizike strdijo v hladilniku ali na sobni temperaturi.

73. Strawberry Shortcake Cake Pops

SESTAVINE:

ZA JAGODNO TORTO:
- 1 škatla mešanice za jagodno torto (in sestavine, navedene na škatli)

ZA JAGODBENI NADEV:
- 1 skodelica na kocke narezanih svežih jagod
- 2 žlici sladkorja

ZA SESTAVLJANJE CAKE POPA :
- 1 paket CandiQuik (bonbonski obliv z okusom vanilije)
- Palčke za lizike ali palčke za torte
- Koščki bele čokolade ali stopljeni beli bonboni (za okras)
- Posipi ali užitni okraski (neobvezno)

NAVODILA:

ZA JAGODNO TORTO:
a) Predgrejte pečico v skladu z navodili za mešanico jagodne torte.
b) Maso za jagodno torto pripravite po navodilih na škatli.
c) Torto spečemo po navodilih in pustimo, da se popolnoma ohladi.

ZA JAGODBENI NADEV:
d) V skledi zmešamo na kocke narezane jagode s sladkorjem. Pustite jih stati približno 10 minut, da se macerirajo in spustijo sok.
e) Jagode precedite, da odstranite odvečno tekočino, tako da ostanejo sladkani koščki jagod.

ZA SESTAVLJANJE CAKE POPA :
f) Ohlajeno jagodno torto v večji skledi zdrobimo v drobne drobtine.
g) Sladkane koščke jagod dodajte tortnim drobtinam in mešajte, dokler se dobro ne povežejo.
h) Zmes za torto razvaljajte v majhne tortne kroglice in jih položite na pekač, obložen s pergamentom.
i) CandiQuik razlomite na koščke in ga položite v toplotno odporno skledo. Stopite CandiQuik v skladu z navodili na embalaži.
j) Konico vsake palčke lizike pomočite v stopljeni CandiQuik in jo približno do polovice vstavite v tortno kroglico. To pomaga, da palica ostane na mestu.
k) Vsak cake pop potopite v stopljeni CandiQuik in se prepričajte, da je v celoti prevlečen.

l) Pustite, da morebitni odvečni premaz CandiQuik odteče, nato položite cake popse na pekač, obložen s peki papirjem.
m) Izbirno: dokler je premaz CandiQuik še moker, okrasite cake popse s koščki bele čokolade ali topljenimi belimi bonboni, da bodo podobni stepeni smetani. Po želji dodajte posip ali užitne okraske.
n) Pustite, da se premaz CandiQuik popolnoma strdi.
o) Ko je strjen, so vaši Strawberry Shortcake Cake Pops pripravljeni za uživanje!

74. CandiQuik Key Lime Cake Pops

SESTAVINE:
- Key lime cake pops (pripravljen po vašem najljubšem receptu ali kupljen v trgovini)
- 1 paket (16 unč) CandiQuik Candy Coating
- Zelena jedilna barva (neobvezno)

NAVODILA:
a) Stopite CandiQuik Candy Coating v skladu z navodili na embalaži.
b) Vsak cake pop potopite v stopljeni CandiQuik, da ga premažete.
c) Po želji stopljenemu premazu dodajte nekaj kapljic zelene jedilne barve za ključno barvo limete.
d) Pustite, da se premaz strdi, preden ga postrežete.

PRESTICE

75.CandiQuik kaktusove preste

SESTAVINE:
- Palice za preste
- 1 paket CandiQuik (bonbonski obliv z okusom vanilije)
- Zelena jedilna barva
- Različni posipi ali okraski za sladkarije
- Pergamentni papir

NAVODILA:
a) Pekač ali pekač obložite s peki papirjem.
b) CandiQuik razlomite na koščke in ga položite v toplotno odporno skledo. Stopite CandiQuik v skladu z navodili na embalaži. To običajno vključuje segrevanje v mikrovalovni pečici v 30-sekundnih intervalih, dokler se popolnoma ne stopi.
c) Dodajte zeleno jedilno barvilo stopljenemu CandiQuiku in mešajte, dokler ne dobite živahne zelene barve.
d) Vsako paličico preste pomočite v stopljeno zeleno CandiQuik in zagotovite, da je v celoti prevlečena. Po potrebi si pomagajte s premazom z žlico.
e) Pustite, da morebitna odvečna prevleka CandiQuik odteče, nato položite premazane palice za preste na pergamentni papir.
f) Dokler je premaz CandiQuik še moker, okrasite kaktusove preste z izbranimi posipi ali okraski iz sladkarij, da bodo podobni konicam na kaktusu. Bodite ustvarjalni in se zabavajte z okraski!
g) Pustite, da se premaz CandiQuik popolnoma strdi.
h) Ko je strjen, so vaši Cactus Pretzels pripravljeni za uživanje!

76. CandiQuik Ghost Prestels

SESTAVINE:
- Palice za preste
- 1 paket (16 unč) CandiQuik Candy Coating
- Mini čokoladni čips ali sladkarije oči

NAVODILA:
a) Stopite CandiQuik Candy Coating v skladu z navodili na embalaži.
b) Vsako paličico preste pomočite v stopljeni CandiQuik in jo popolnoma prekrijte.
c) Na prevlečeni del položite dva mini koščka čokolade ali sladkarije, da ustvarite oči duhca.
d) Pustite, da se premaz strdi, preden ga postrežete.

77. CandiQuik Butterfly Prestels

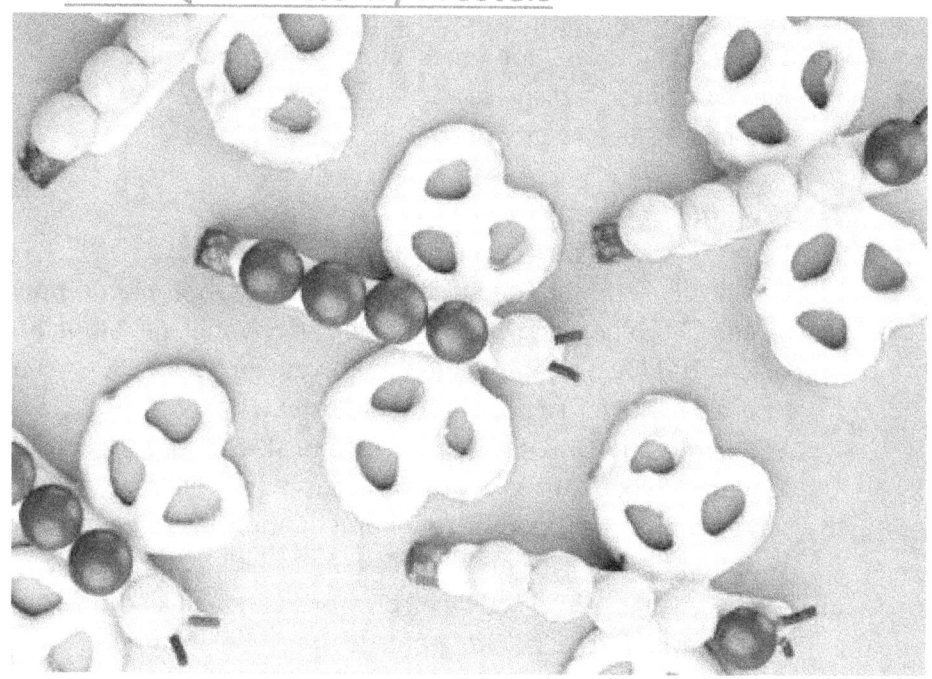

SESTAVINE:
- Prest zvitki
- 1 paket CandiQuik (bonbonski obliv z okusom vanilije)
- Barve za živila (različne barve)
- Različni posipi ali užitni okraski

NAVODILA:
a) Pekač obložite s peki papirjem.
b) CandiQuik razlomite na koščke in ga položite v toplotno odporno skledo. Stopite CandiQuik v skladu z navodili na embalaži. To običajno vključuje segrevanje v mikrovalovni pečici v 30-sekundnih intervalih, dokler se popolnoma ne stopi.
c) Stopljeni CandiQuik razdelite v ločene sklede in v vsako dodajte jedilno barvo, da ustvarite različne barve za svoje metulje.
d) Vsak zvitek preste pomočite v barvni CandiQuik in zagotovite, da je popolnoma prevlečen. Pri oblaganju si lahko pomagate z žlico.
e) Pustite, da morebitna odvečna prevleka CandiQuik odteče, nato pa premazane zvitke preste položite na s peki papirjem obložen pekač.
f) Preden se premaz CandiQuik strdi, dodajte izbrane posipe ali užitne okraske, da ustvarite krila in telo metulja. Z dizajni ste lahko ustvarjalni.
g) Pustite, da se premaz CandiQuik popolnoma strdi.
h) Ko je strjen, so vaši Butterfly Pretzels pripravljeni za uživanje!

78.CandiQuik pereci iz deteljice

SESTAVINE:
- Prest zvitki
- CandiQuik Candy Coating (zelena barva)
- Zeleni posip ali zeleni brusni sladkor

NAVODILA:
a) Stopite CandiQuik Candy Coating v skladu z navodili na embalaži.
b) Vsak zvitek preste potopite v stopljeni CandiQuik in zagotovite, da je popolnoma prevlečen. Za to lahko uporabite vilice ali klešče.
c) Pustite, da morebitni odvečni premaz odteče, nato pa premazano presto položite na pergamentni papir.
d) Preden se premaz strdi, čez presto potresemo zeleni posip ali zeleni brusni sladkor, da ustvarimo obliko deteljice. Lahko uporabite šablono ali preprosto prostoročno oblikujete.
e) Postopek ponovite za vsak zasuk preste.
f) Pustite, da se premaz CandiQuik popolnoma strdi. Postopek lahko pospešite tako, da preste postavite v hladilnik.
g) Ko je premaz popolnoma strjen, so vaši CandiQuik Shamrock Pretzels pripravljeni za uživanje!

79. CandiQuik novoletne palice za preste

SESTAVINE:
- Palice za preste
- 1 paket (16 unč) CandiQuik Candy Coating
- Posip v različnih novoletnih barvah

NAVODILA:

a) Stopite CandiQuik Candy Coating v skladu z navodili na embalaži. Za taljenje lahko uporabite posodo, primerno za mikrovalovno pečico, ali dvojni kotel.

b) Vsako palico preste pomočite v stopljeni CandiQuik in jo enakomerno premažite. Uporabite žlico ali lopatico za pomoč pri širjenju premaza, če je potrebno.

c) Pustite, da odvečna prevleka odteče, nato pa premazane paličice preste položite na pekač, obložen s pergamentom.

d) Preden se premaz strdi, palice za preste potresite s posipi v novoletnem slogu. Uporabite lahko različne barve in oblike, da jih naredite praznične.

e) Pustite, da se premaz CandiQuik popolnoma strdi. Postopek lahko pospešite tako, da pladenj postavite v hladilnik.

f) Ko so pripravljene, novoletne preste palice razporedite po servirnem krožniku ali v okrasne posodice.

g) Postrezite in uživajte v teh sladko slanih dobrotah na vašem silvestrskem praznovanju!

80. CandiQuik Bunny Prestels

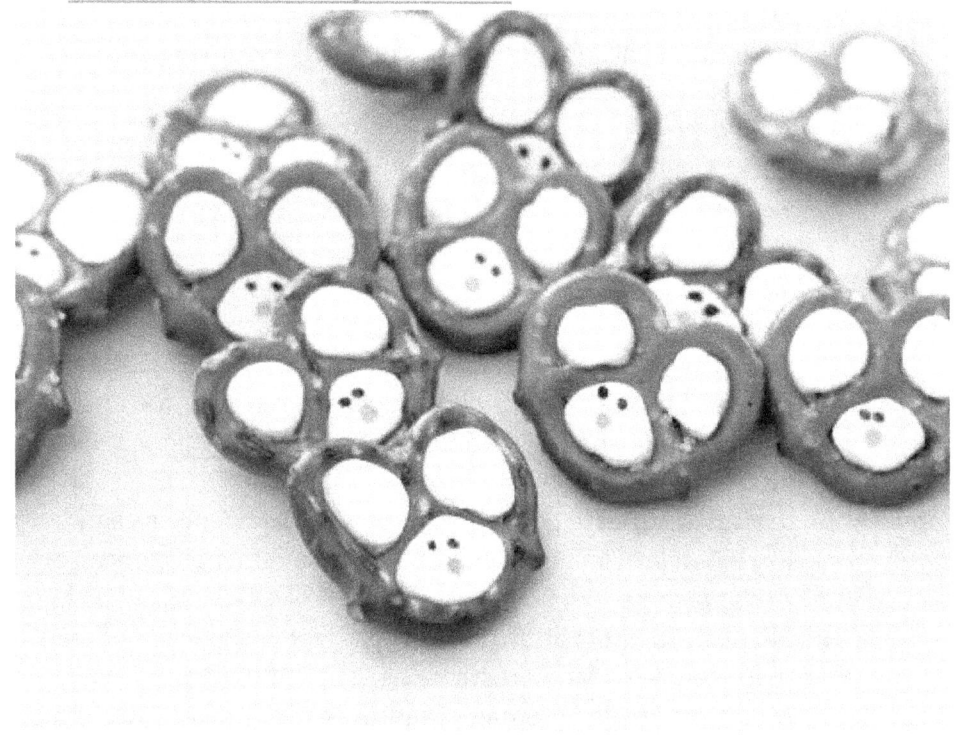

SESTAVINE:
- Prest zvitki
- 1 paket CandiQuik (bonbonski obliv z okusom vanilije)
- Rožnati bonboni se topi ali roza bela čokolada
- Sladkorne oči
- Roza posipi v obliki srca (za nos)
- Pergamentni papir

NAVODILA:
a) Pekač ali pekač obložite s peki papirjem.
b) CandiQuik razlomite na koščke in ga položite v toplotno odporno skledo. Stopite CandiQuik v skladu z navodili na embalaži. To običajno vključuje segrevanje v mikrovalovni pečici v 30-sekundnih intervalih, dokler se popolnoma ne stopi.
c) Vsak zvitek preste pomočite v stopljeni CandiQuik in zagotovite, da je v celoti prevlečen. Pri nanosu si pomagajte z vilicami ali orodjem za namakanje.
d) Pustite, da morebitni odvečni premaz CandiQuik odteče, nato položite premazane preste na pergamentni papir.
e) Medtem ko je premaz CandiQuik še moker, na vrh vsake prevlečene preste pritrdite sladkarije. Kot »lepilo« za oči lahko uporabite majhno količino stopljenega zdravila CandiQuik.
f) Pod oči položite roza posip v obliki srca, da ustvarite zajčkov nos.
g) Zobotrebec ali manjši pripomoček pomočite v roza topljene sladkarije ali rožnato belo čokolado in z njim na vrh vsake obložene preste narišite zajčja ušesa.
h) Pustite, da se premaz sladkarij popolnoma strdi.
i) Ko je strjen, so vaši Bunny Pretzels pripravljeni za uživanje!

81. CandiQuik Caramel Pretzel Bites

SESTAVINE:
- Kvadrati preste ali mini preste
- 1 paket CandiQuik vanilijevega premaza
- 1 skodelica karamelnih bonbonov, nezavita
- 2 žlici mleka

NAVODILA:
a) Stopite CandiQuik vanilijev premaz po navodilih na embalaži.
b) Vsako kvadratno ali mini presto potopite v stopljeno vanilijevo prevleko in se prepričajte, da je dobro premazana.
c) Pustite, da odvečna obloga odteče, preden obložene preste položite na pladenj, obložen s pergamentnim papirjem.
d) V ločeni posodi stopite karamelne bonbone z mlekom do gladkega.
e) Stopljeno karamelo pokapajte po z vanilijo obloženih prestah.
f) Pustite, da se premaz in karamela strdita na sobni temperaturi ali v hladilniku.
g) Ko je pripravljen, postrezite in uživajte v teh slastnih karamelnih grižljajih preste CandiQuik.

LUBJE IN GROZDI

82. CandiQuik lubje poprove mete

SESTAVINE:
- 1 paket (16 unč) CandiQuik Candy Coating (bela čokolada)
- ½ čajne žličke izvlečka poprove mete
- Zdrobljene sladkarije ali bonboni poprove mete

NAVODILA:
a) Pekač obložite s peki papirjem.
b) V posodi, ki je primerna za uporabo v mikrovalovni pečici, ali v dvojnem kotlu raztopite CandiQuik Candy Coating v skladu z navodili na embalaži.
c) Ko se stopi, vmešajte izvleček poprove mete in se prepričajte, da se dobro poveže z belo čokolado.
d) Stopljeni CandiQuik vlijemo na pripravljen pekač in ga z lopatko razporedimo v enakomerno plast.
e) Na stopljeno belo čokolado potresemo zdrobljene sladkarije ali metine bonbone in jih rahlo pritisnemo navzdol, da se oprimejo.
f) Pustite, da se lubje poprove mete ohladi in popolnoma strdi. Postopek lahko pospešite tako, da ga postavite v hladilnik.
g) Ko strdi, lubje poprove mete nalomite na manjše koščke.
h) CandiQuik Peppermint Bark shranjujte v nepredušni posodi pri sobni temperaturi ali v hladilniku.
i) Postrezite in uživajte v tej praznični in sladki poslastici!

83. CandiQuik Cowboy Bark

SESTAVINE:
- 1 paket CandiQuik (bonbonski obliv z okusom vanilije)
- 1 skodelica mini preste
- 1 skodelica slanih krekerjev, zlomljenih na koščke
- ½ skodelice karamele
- ½ skodelice praženih in nasoljenih arašidov
- ¼ skodelice mini čokoladnih koščkov
- ¼ skodelice mlečne čokolade
- Morska sol za posipanje (neobvezno)

NAVODILA:
a) Pekač obložite s peki papirjem.
b) CandiQuik razlomite na koščke in ga položite v toplotno odporno skledo. Stopite CandiQuik v skladu z navodili na embalaži. To običajno vključuje segrevanje v mikrovalovni pečici v 30-sekundnih intervalih, dokler se popolnoma ne stopi.
c) V veliki skledi za mešanje zmešajte mini preste, slane krekerje, koščke karamele, pražene arašide, majhne koščke čokolade in koščke mlečne čokolade.
d) Stopljeni CandiQuik prelijte čez suhe sestavine in mešajte, dokler ni vse dobro prekrito.
e) Zmes enakomerno razporedite po pripravljenem pekaču.
f) Neobvezno: po vrhu potresite malo morske soli za kontrast sladkega in slanega okusa.
g) Pustite, da se Cowboy Bark popolnoma ohladi in strdi. Ta postopek lahko pospešite tako, da ga postavite v hladilnik.
h) Ko je kavbojsko lubje popolnoma strjeno, ga razlomite na majhne koščke.
i) Kavbojsko lubje hranite v predušni posodi pri sobni temperaturi.

84. Mint Cookie Bark

SESTAVINE:
- 1 (16 unč) paket prevleke Vanilla CandiQuik
- ¾ skodelice Mint OREO piškotov, zdrobljenih na velike kose
- Zeleni posipi

NAVODILA:
a) Vanilla CandiQuik premaz stopite v Melt in pripravite pladenj za mikrovalovno pečico v skladu z navodili na embalaži.
b) Dodajte ½ skodelice sesekljanih piškotov OREO v pladenj in premešajte, da se povežejo. Mešanico nalijte na velik list voščenega papirja. Z lopatico enakomerno zgladite na približno ¼" debeline.
c) Po vrhu potresemo preostalo ¼ skodelice zdrobljenih piškotov in zelenih posipov. Hladite približno 10 minut ali dokler se popolnoma ne strdi.
d) Ko strdi, razrežite ali razlomite na koščke.
e) Mešanico lubja lahko razporedite tudi na velik list voščenega papirja na ravno površino.

85. Grozdi orehov brusnic in cimeta

SESTAVINE:
- 1 (16 oz) paket bonbonov Vanilla CandiQuik Candy Coating
- 1 čajna žlička cimeta
- 1 ¼ skodelice mešanih oreščkov
- ¼ skodelice posušenih brusnic

NAVODILA:
a) Stopite premaz Vanilla CandiQuik v pladnju Melt and Make™ za mikrovalovno pečico v skladu z navodili na embalaži.
b) V stopljeni CandiQuik vmešajte cimet; dodajte več ali manj po svojem okusu.
c) Mešane oreščke in posušene brusnice nalijte neposredno v pladenj s premazom; premešajte, da se prekrije.
d) Kapljajte po žlicah na voščen papir, da oblikujete grozde; naj se postavi.

86. Čokoladna mandljeva lupina

SESTAVINE:
- 1 paket CandiQuik čokoladnega obliva
- 1 skodelica mandljev, sesekljanih
- ½ čajne žličke mandljevega ekstrakta

NAVODILA:
a) Stopite čokoladni obliv CandiQuik po navodilih na embalaži.
b) Vmešajte sesekljane mandlje in mandljev ekstrakt, dokler se dobro ne povežeta.
c) Zmes vlijemo na pekač, obložen s pergamentnim papirjem, in jo enakomerno porazdelimo.
d) Pustite, da se ohladi in strdi na sobni temperaturi ali v hladilniku.
e) Ko strdi, lubje razlomite na koščke in uživajte!

87. Skorja čokoladnih grozdov sadja in oreščkov

SESTAVINE:

- 1 paket CandiQuik čokoladnega obliva
- ½ skodelice posušenih brusnic
- ½ skodelice sesekljanih pistacij
- ½ skodelice naribanega kokosa

NAVODILA:

a) Stopite čokoladni obliv CandiQuik po navodilih na embalaži.
b) Vmešajte posušene brusnice, sesekljane pistacije in narezan kokos, dokler se dobro ne porazdelijo.
c) Zmes vlijemo na pekač, obložen s pergamentnim papirjem, in jo enakomerno porazdelimo.
d) Pustite, da se ohladi in strdi na sobni temperaturi ali v hladilniku.
e) Ko strdi, lubje grozda razlomite na koščke in uživajte v čudoviti kombinaciji okusov.

88. Slana karamela in želve s pekanom

SESTAVINE:
- CandiQuik (okus karamele)
- Pekan polovice
- Morska sol

NAVODILA:
a) Stopite CandiQuik z okusom karamele v skladu z navodili na embalaži.
b) Grozde polovic orehov orehov položite na pladenj, obložen s pergamentnim papirjem.
c) Z žlico prelijte stopljeni CandiQuik na vsak grozd in zagotovite, da so orehi pokriti.
d) Čez vsako želvo potresemo ščepec morske soli.
e) Pustite, da se CandiQuik strdi, preden ga postrežete.

MEŠANICE ZA PRIGRIZKE

89. Churro Chow

SESTAVINE:
- 8 skodelic hrustljavih riževih kosmičev (kot Rice Chex)
- 1 paket CandiQuik (bonbonski obliv z okusom vanilije)
- ½ skodelice nesoljenega masla
- ¼ skodelice granuliranega sladkorja
- 1 čajna žlička mletega cimeta
- ½ čajne žličke vanilijevega ekstrakta
- 1 ½ skodelice sladkorja v prahu
- Dodaten mleti cimet za posip

NAVODILA:
a) Hrustljave kvadratke riževih kosmičev dajte v veliko skledo za mešanje. Dati na stran.
b) V srednje veliki kozici na majhnem ognju raztopite CandiQuik in maslo. Pogosto mešajte, da se ne zažge.
c) Ko se stopi, dodajte granulirani sladkor, mleti cimet in vanilijev ekstrakt v ponev. Mešajte, dokler se sladkor ne raztopi in zmes dobro poveže.
d) Stopljeno mešanico CandiQuik prelijte čez hrustljave kvadratke riževih kosmičev in pazite, da so enakomerno prekriti. Z lopatko nežno premešajte in prekrijte žito.
e) V veliko vrečko z zadrgo dodajte sladkor v prahu. Obložene žitne kvadrate preložite v vrečko.
f) Vrečko zaprite in jo močno pretresite, da se žitni kvadrati prekrijejo s sladkorjem v prahu.
g) Churro Chow razporedite na pekač, obložen s pergamentom, da se ohladi.
h) Ko se ohladi, potresite Churro Chow z dodatnim mletim cimetom za dodaten okus.
i) Hraniti v nepredušni posodi.

90.Mešanica za prigrizke CandiQuik Bunny Bait

SESTAVINE:
- 1 paket CandiQuik (bonbonski obliv z okusom vanilije)
- 4 skodelice pokovke
- 2 skodelici preste palčke
- 1 skodelica mini marshmallowa
- Čokolade MandM v pastelnih barvah ali druge bombone oblite
- Velikonočni posipi

NAVODILA:
a) Velik pekač obložite s pergamentnim papirjem.
b) V veliki posodi za mešanje zmešajte pokočeno pokovko, palčke preste in mini marshmallowe.
c) CandiQuik razlomite na koščke in ga položite v toplotno odporno skledo. Stopite CandiQuik v skladu z navodili na embalaži. To običajno vključuje segrevanje v mikrovalovni pečici v 30-sekundnih intervalih, dokler se popolnoma ne stopi.
d) Stopljeni CandiQuik prelijte čez mešanico pokovke, z lopatko nežno premešajte in enakomerno prekrijte sestavine.
e) Premazano zmes v enakomernem sloju razporedimo po pripravljenem pekaču.
f) Medtem ko je obloga CandiQuik še mokra, po vrhu poškropite pastelno obarvane MandM's ali čokolade oblite s sladkarijami.
g) Za dodaten praznični pridih dodajte posipe na velikonočno temo.
h) Pustite, da se mešanica prigrizkov Bunny Bait ohladi in premaz CandiQuik popolnoma strdi. Postopek lahko pospešite tako, da ga postavite v hladilnik.
i) Ko je strjena, mešanico prigrizkov razdelite na gruče v velikosti grižljajev.
j) Hraniti v nepredušni posodi.

91. Mešanica za prigrizke CandiQuik Heart Munch

SESTAVINE:
- 1 paket CandiQuik (bonbonski obliv z okusom vanilije)
- 4 skodelice hrustljavih riževih kosmičev (npr. Rice Chex)
- 2 skodelici preste palčke
- 1 skodelica majhnih zvitkov preste
- 1 skodelica bonbonov z motivom Valentinovega (npr. bonboni v obliki srca, MandM's)
- 1 skodelica posušenih brusnic ali drugega suhega sadja
- Posipi z motivom Valentinovega

NAVODILA:
a) Velik pekač obložite s pergamentnim papirjem.
b) CandiQuik razlomite na koščke in ga položite v toplotno odporno skledo. Stopite CandiQuik v skladu z navodili na embalaži. To običajno vključuje segrevanje v mikrovalovni pečici v 30-sekundnih intervalih, dokler se popolnoma ne stopi.
c) V veliki posodi za mešanje zmešajte hrustljave riževe kosmiče, preste palčke, preste zvitke, bonbone z motivom Valentinovega in posušene brusnice.
d) Stopljeni CandiQuik prelijte po mešanici za prigrizke, z lopatko nežno premešajte in enakomerno prekrijte sestavine.
e) Premazano zmes v enakomernem sloju razporedimo po pripravljenem pekaču.
f) Medtem ko je premaz CandiQuik še moker, po vrhu potresite posipe z motivom Valentinovega za praznični pridih.
g) Pustite, da se mešanica za prigrizke Heart Munch ohladi in prevleka CandiQuik popolnoma strdi. Postopek lahko pospešite tako, da ga postavite v hladilnik.
h) Ko je strjena, mešanico prigrizkov razdelite na gruče v velikosti grižljajev.
i) Hraniti v nepredušni posodi.

92. CandiQuik Trail Mix grozdi

SESTAVINE:
- 1 paket CandiQuik (bonbonski obliv z okusom vanilije)
- 2 skodelici mešanice oreščkov (mandlji, indijski oreščki, arašidi itd.)
- 1 skodelica preste palčke, zlomljene na majhne koščke
- 1 skodelica suhega sadja (rozine, brusnice, marelice itd.)
- 1 skodelica čokoladnih bonbonov (MandM's, čokoladni čips itd.)

NAVODILA:
a) V veliki posodi za mešanje zmešajte zmešane oreščke, palčke preste, suho sadje in čokoladne bonbone. Zmešajte jih, da ustvarite enakomerno porazdelitev sestavin.

b) Stopite CandiQuik v skladu z navodili na embalaži. To običajno vključuje segrevanje v mikrovalovni pečici v 30-sekundnih intervalih, dokler se popolnoma ne stopi.

c) Stopljeni CandiQuik prelijte čez sestavine mešanice trail. Dobro premešajte, da zagotovite, da so vse sestavine enakomerno prekrite s prevleko za sladkarije.

d) Pekač obložite s peki papirjem ali silikonsko podlogo za peko.

e) Z žlico ali zajemalko za piškote spustite grozde premazane mešanice na pripravljen pekač.

f) Pustite, da se grozdi ohladijo in strdijo. Ta postopek lahko pospešite tako, da pekač za približno 15-20 minut postavite v hladilnik.

g) Ko so grozdi popolnoma strjeni, jih odstranite iz pekača.

h) CandiQuik Trail Mix Clusters hranite v nepredušni posodi pri sobni temperaturi.

i) Uživajte v tej sladki in slani poslastici kot prigrizku ali kot okusnem dodatku k vaši izbiri trail mix!

93. CandiQuik Orange Creamsicle Puppy Chow

SESTAVINE:
- 9 skodelic riževih ali koruznih kosmičev Chex
- 1 skodelica belih čokoladnih čipov ali koščkov
- ½ skodelice nesoljenega masla
- ¼ skodelice želatine v prahu z okusom pomaranče (kot Jello)
- 1 čajna žlička vanilijevega ekstrakta
- Lupina ene pomaranče (neobvezno, za dodaten okus)
- 2 skodelici sladkorja v prahu
- Oranžna jedilna barva (neobvezno, za živahno barvo)

NAVODILA:
a) Odmerite kosmiče Chex v veliko skledo za mešanje.
b) V skledi, primerni za mikrovalovno pečico, zmešajte koščke ali koščke bele čokolade in maslo. Segrevajte v mikrovalovni pečici v 30-sekundnih intervalih in po vsakem intervalu mešajte, dokler se mešanica popolnoma ne stopi in postane gladka.
c) V mešanico stopljene bele čokolade vmešajte želatino v prahu z okusom pomaranče in vanilijev ekstrakt. Po želji dodajte pomarančno lupinico za dodaten okus citrusov.
d) Po želji dodajte nekaj kapljic oranžne jedilne barve, da dosežete živo oranžno barvo. Mešajte, dokler se dobro ne poveže.
e) Mešanico pomarančne kreme prelijte čez kosmiče Chex, nežno prepognite in mešajte, dokler niso vsi kosmiči enakomerno prekriti.
f) V veliko plastično vrečko, ki jo je mogoče zapreti, dodajte sladkor v prahu.
g) Obložene kosmiče Chex prenesite v vrečko s sladkorjem v prahu.
h) Zaprite vrečko in jo močno stresajte, dokler žita niso v celoti prekrita s sladkorjem v prahu.
i) Orange Creamsicle Puppy Chow razporedite po pekaču, obloženem s pergamentom, da se ohladi in strdi.
j) Ko je mešanica ohlajena, jo nalomimo na koščke.
k) Shranjujte Orange Creamsicle Puppy Chow v nepredušni posodi.
l) Postrezite in uživajte v tej sladki in citrusni poslastici!

94. Mešanica prigrizkov CandiQuik S'mores

SESTAVINE:
- 4 skodelice graham kosmičev
- 2 skodelici mini marshmallowa
- 2 skodelici s čokolado oblitih prestic
- 1 skodelica praženih arašidov
- 1 paket CandiQuik vanilijevega premaza
- 1 skodelica koščkov mlečne čokolade

NAVODILA:
a) V veliki skledi za mešanje zmešajte graham kosmiče, mini marshmallowe, s čokolado oblite preste in pražene arašide.
b) Stopite CandiQuik vanilijev premaz po navodilih na embalaži.
c) Mešanico za prigrizke prelijemo s stopljenim vanilijevim premazom in nežno premešamo, da se prekrije.
d) Dodajte koščke mlečne čokolade in dobro premešajte.
e) Zmes razporedite po pekaču, obloženem s peki papirjem, da se ohladi in strdi.
f) Ko strdi, razdelite na grozde in uživajte v tej okusni mešanici prigrizkov, ki jo navdihuje s'mores.

95. CandiQuik mešanica za zabavo z belo čokolado

SESTAVINE:
- 3 skodelice riževih kosmičev
- 2 skodelici zvitkov preste
- 1 skodelica posušenih brusnic
- 1 skodelica mandljev, celih ali narezanih
- 1 paket CandiQuik obliva iz bele čokolade
- 1 čajna žlička vanilijevega ekstrakta

NAVODILA:
a) V veliki posodi za mešanje zmešajte kvadrate riževih kosmičev, preste, posušene brusnice in mandlje.
b) Stopite obliv iz bele čokolade CandiQuik po navodilih na embalaži.
c) V stopljeno belo čokolado vmešamo vanilijev ekstrakt.
d) Mešanico stopljene bele čokolade prelijemo čez mešanico za prigrizke in nežno premešamo, da se prekrije.
e) Zmes razporedite po pekaču, obloženem s peki papirjem, da se ohladi in strdi.
f) Ko strdi, razdelite na grozde in uživajte v tej sladki in hrustljavi mešanici za zabavo iz bele čokolade.

PRAZNIČNE IN PRAZNOVANE POSLASTICE

96. CandiQuik prevleke za kolačke za noč čarovnic

SESTAVINE:
- kolački
- 1 paket (16 unč) CandiQuik Candy Coating
- Posipi ali okraski na temo noči čarovnic

NAVODILA:
a) Stopite CandiQuik Candy Coating v skladu z navodili na embalaži.
b) Vrhove kolačkov pomočite v stopljeni CandiQuik in ustvarite gladko prevleko.
c) Okrasite s posipi ali okraski na temo noči čarovnic.
d) Pustite, da se premaz strdi, preden ga postrežete.

97.CandiQuik maturantske kape

SESTAVINE:
- Sendvič piškoti obliti s čokolado (kot so Oreo piškoti)
- 1 paket CandiQuik (bonbonski obliv z okusom vanilije)
- Kvadratni čokoladni bonboni (kot so s čokolado obliti karamelni kvadrati ali s čokolado obliti meti)
- Majhni kvadratki sladkarij (neobvezno, za rese)
- Palčke za lizike ali palčke za torte

NAVODILA:
a) Pekač obložite s peki papirjem.
b) CandiQuik razlomite na koščke in ga položite v toplotno odporno skledo. Stopite CandiQuik v skladu z navodili na embalaži. To običajno vključuje segrevanje v mikrovalovni pečici v 30-sekundnih intervalih, dokler se popolnoma ne stopi.
c) S čokolado oblite sendvič piškote previdno ločite, kremni nadev pa pustite nedotaknjen.
d) Palčke lizik pomočite v raztopljen CandiQuik in jih vstavite v kremni nadev vsakega piškota, tako da ustvarite osnovo za maturantsko kapico.
e) Cel piškot potopite v stopljeni CandiQuik in zagotovite, da je v celoti prevlečen. Pustite, da odvečni premaz CandiQuik odteče.
f) Obložene piškote položite na s peki papirjem obložen pekač.
g) Medtem ko je prevleka CandiQuik še mokra, na sredino vsakega piškota nežno pritisnite kvadratni čokoladni bonbon, da ustvarite vrh kapice za maturo.
h) Neobvezno: če imate majhne kvadrate sladkarij, jih lahko uporabite za ustvarjanje resic. Z majhnim kančkom stopljenega CandiQuika na stran kvadratnega čokoladnega bonbona pritrdite majhen kvadrat.
i) Pustite, da se premaz CandiQuik popolnoma strdi.
j) Ko so nastavljene, so vaše maturantske kape pripravljene za uživanje!

98. CandiQuik Patriotski lončki za posip

SESTAVINE:
- 1 paket CandiQuik (bonbonski obliv z okusom vanilije)
- Rdeči, beli in modri posipi
- Mini podloge za kolačke
- Mini pekač za kolačke

NAVODILA:
a) Mini pekač za kolačke obložite z mini podlogami za kolačke.
b) CandiQuik razlomite na koščke in ga položite v toplotno odporno skledo. Stopite CandiQuik v skladu z navodili na embalaži. To običajno vključuje segrevanje v mikrovalovni pečici v 30-sekundnih intervalih, dokler se popolnoma ne stopi.
c) Ko se CandiQuik stopi, z žlico nalijte majhno količino v vsako podlogo za mini kolačke in jo napolnite do približno ene tretjine.
d) V vsako skodelico potresite rdeče, bele in modre posipe po stopljenem CandiQuiku. Barve lahko mešate ali ustvarite večplastni učinek z različnimi barvami.
e) Čez posip dodajte še eno plast stopljenega CandiQuika, tako da napolnite podlogo za kolačke približno dve tretjini.
f) Na vrh druge plasti stopljenega CandiQuika potresemo še več rdečih, belih in modrih posipov.
g) Dodajte zadnjo plast stopljenega CandiQuika, da napolnite podlogo za kolačke skoraj do vrha.
h) Z zobotrebcem ali nabodalom nežno zavrtite plasti skupaj in ustvarite učinek marmoriranja ali vrtinčenja.
i) Na vrh dodajte še posip za okras.
j) Pustite, da se CandiQuik popolnoma ohladi in strdi.
k) Ko so nastavljene, so vaše patriotske skodelice pripravljene za uživanje!

99.Velikonočna gnezda kokosovih makronov

SESTAVINE:
- 3 skodelice sladkanega naribanega kokosa
- ¾ skodelice sladkanega kondenziranega mleka
- 1 čajna žlička vanilijevega ekstrakta
- ¼ čajne žličke soli
- 1 paket CandiQuik (bonbonski obliv z okusom vanilije)
- Mini čokoladna jajčka ali žele fižol (za polnjenje gnezda)
- Zelena jedilna barva (neobvezno, za niansiranje kokosa)

NAVODILA:
a) Pečico segrejte na 325 °F (163 °C). Pekač obložite s peki papirjem.
b) V veliki skledi zmešajte narezan kokos, sladkano kondenzirano mleko, ekstrakt vanilije in sol. Mešajte, dokler se dobro ne poveže.
c) Če želite, dodajte nekaj kapljic zelene jedilne barve, da obarvate kokosovo zmes za videz, podoben travi. Mešajte, dokler se barva enakomerno ne porazdeli.
d) Z zajemalko za piškote ali rokami oblikujte majhne kupčke iz kokosove mešanice in jih položite na pripravljen pekač, tako da oblikujete gnezda z vdolbino na sredini.
e) Pečemo v ogreti pečici 12-15 minut oziroma dokler robovi niso zlato rjavi.
f) Pustimo, da se kokosova gnezda ohladijo na pekaču.
g) CandiQuik razlomite na koščke in ga položite v toplotno odporno skledo. Stopite CandiQuik v skladu z navodili na embalaži. To običajno vključuje segrevanje v mikrovalovni pečici v 30-sekundnih intervalih, dokler se popolnoma ne stopi.
h) Na sredino vsakega kokosovega gnezda z žlico dodajte majhno količino stopljenega CandiQuika, da ustvarite osnovo.
i) Na sredino vsakega gnezda položite mini čokoladna jajčka ali žele zrna in jih nežno potisnite v stopljeni CandiQuik.
j) Pustite, da se premaz CandiQuik popolnoma strdi.
k) Ko je strjeno, so vaša velikonočna gnezda iz kokosovih makronov pripravljena za uživanje!

100.CandiQuik Christmas Tree Rice Krispie

SESTAVINE:
- 3 žlice nesoljenega masla
- 10 unč marshmallows
- Zelena živilska barva
- 6 skodelic riževih krispijev
- Posipi
- 20 majhnih palčk za preste
- 1 paket CandiQuik čokoladnega obliva

NAVODILA:
a) Namastite ali razpršite pekač velikosti 9x13 palcev in ga postavite na stran.
b) V veliki ponvi stopite maslo in marshmallows na srednje nizkem ognju in nenehno mešajte. Ko je skoraj gladka in stopljena, postopoma dodajajte zeleno barvilo za živila, dokler ne dosežete želene barve drevesa.
c) Ko je popolnoma gladka in popolnoma zelena, odstavite z ognja in vmešajte riževe krispije. Nadaljujte z mešanjem, dokler niso vsa žita prekrita.
d) Zmes enakomerno vtisnite v pripravljen pekač (za to lahko uporabite namaščeno roko ali kos voščenega papirja).
e) Stopite čokoladni obliv CandiQuik po navodilih na embalaži.
f) Zarežite en rez po sredini ponve (dolga pot). Nato vsako od teh vrstic razrežite na trikotnike (ostati bi morali 4 ostanke, enega na vsaki strani vsake vrstice).
g) Medtem ko je mešanica Rice Krispie še topla, s stopljenim CandiQuikom pokapljajte vrh vsakega priboljška v obliki drevesa, da ustvarite čokoladni obris.
h) Takoj potresemo s prazničnimi posipi, da dodamo praznični pridih.
i) Na dno vsakega drevesa postavite majhno paličico preste, da bo podobno deblu.
j) Pustite, da se priboljški ohladijo vsaj 30 minut, da se premaz CandiQuik strdi.

ZAKLJUČEK

Ko smo prišli do konca našega sladkega popotovanja po svetu slaščic CandiQuik, upam, da ste uživali v raziskovanju neskončnih možnosti premazov za bonbone. Od klasičnih poslastic do sodobnih mojstrovin je "OSNOVNA KUHARSKA KNJIGA CANDIQUIK" zagotovila obilico navdiha za popestritev vaše sladice.

Ko nadaljujete svoje kulinarične dogodivščine, ne pozabite, da čarobnost CandiQuika ne pozna meja. CandiQuik je vaše skrivno orožje za ustvarjanje nepozabnih in okusnih slaščic, ne glede na to, ali izdelujete doma izdelana darila, gostite zabavo s sladicami ali si preprosto privoščite sladko razvajanje.

Hvala, ker ste se mi pridružili na tem prijetnem potovanju. Naj bodo vaše dobrote vedno sladke, vaše stvaritve vedno navdihnjene in vaša kuhinja vedno polna veselja. Do ponovnega srečanja, veselo peko!

www.ingramcontent.com/pod-product-compliance
Lightning Source LLC
Chambersburg PA
CBHW071315110526
44591CB00010B/890